生活因阅读而精彩

生活因阅读而精彩

优秀员工这样当

兰涛◎著

中国華僑出版社

图书在版编目(CIP)数据

优秀员工这样当 / 兰涛著.—北京：
中国华侨出版社，2013.9

ISBN 978-7-5113-4085-6

Ⅰ. ①优…　Ⅱ. ①兰…　Ⅲ. ①企业-职工-职业道德
Ⅳ. ①F272.92

中国版本图书馆 CIP 数据核字(2013)第226879号

优秀员工这样当

著　　者 / 兰　涛
责任编辑 / 文　慧
责任校对 / 孙　丽
经　　销 / 新华书店
开　　本 / 787毫米×1092毫米　1/16　印张/18　字数/256千字
印　　刷 / 北京建泰印刷有限公司
版　　次 / 2013年11月第1版　2013年11月第1次印刷
书　　号 / ISBN 978-7-5113-4085-6
定　　价 / 33.80元

中国华侨出版社　北京市朝阳区静安里26号通成达大厦3层　邮编：100028
法律顾问：陈鹰律师事务所

编辑部：(010)64443056　64443979
发行部：(010)64443051　传真：(010)64439708
网址：www.oveaschin.com
E-mail：oveaschin@sina.com

前言

Preface

什么是优秀的员工?优秀的定义又是什么?传统的吃苦耐劳、把公司当作家、任劳任怨已经不足以概括优秀的本质,或者说已经不再成为优秀的全部代名词。

想一想,为什么从那些知名企业、优秀的公司(不分大小)出来的员工一旦转向其他企业,会更容易受到重视与委以重任?或许,他本人原先并不那么出色。但毫无疑问,更多的老板宁愿相信这位员工本身所具有的价值与潜力,尤其是企业文化曾经的熏陶会给自己的企业带来更多可能潜在的利润。

以全球福利最好的谷歌公司为例,我们可以做一下分析。谷歌为自己的员工提供了相当多令人艳羡的福利,种类丰富甚至可以用专业餐饮定义的免费食物与零食、免费接送的豪华大车、可以带宠物上班、自主决定 80%的工作时间 +20%的娱乐时间、有趣多样的免费社交、健身房、健康奖励,产假期为员工父母颁发奖金,甚或在员工死后配偶可以在接下来 10 年的时间里依然领到其一半的薪水及一月 1000 美元的补贴……

这种投入显然并不是每个企业都可以负担的,但是,等等再摇头,我们看看谷歌拥有怎样的一批员工:

充满激情,对工作专注投入;

人格魅力与技术比翼齐飞,在谷歌到处都是让别人欣赏的人;

习惯用自己公司的产品处理事情；

有一支以知识型员工为核心的团队；

每个人都将创新作为自己的使命和任务；

每一个人都得到尊重，而每一个人都以为公司寻找人才为己任；

公司所有的绩效目标全透明……

我们也许可以总结更多，不过到这里也足以让我们发现谷歌员工拥有的最明显的几个特质：

对公司高度忠诚；

对公司高度信任；

注重创新，并把所有“不可能”看作创新的来源；

以人为本的管理让员工充满责任感；

注重沟通，沟通解决一切；

工作和生活的平衡中快乐地实现企业与个人的愿景。

很显然，在这里企业和个人不再对立，而是形成了一个比较完善的互促循环：个人的成功促成企业的成功，企业的成功影响个人的成功。可见，企业从不缺乏优秀的员工，只缺乏发现优秀员工的眼睛，缺乏制造优秀员工的方法。

毫无疑问，企业对优秀员工的培养，并不单独是让业务顺利进行的需要，而是一个追求卓越的公司应该且必须做的分内事。要知道：优秀的决策、优秀的行为、优秀的制度都是由优秀的人创造的，同时又继续影响优秀的人。

我们所有的管理手段要促成的结果，最终都是为了实现人对人的最佳管理，然后，再一起联手创造奇迹。而这本书，就是告诉你如何为自己（为企业也为个人）创造这个奇迹。

目录 CONTENTS

第❶堂课 优秀的企业文化 培养优秀的员工

002 / 企业的核心竞争力是文化氛围
005 / 优秀的学习氛围督促员工变得优秀
008 / 糟糕的集体遏制人才的发展
012 / 尊重人的企业会收获更多的忠诚
016 / 公平公正的用人管理留住优秀员工
019 / 有人情味的企业更有凝聚力
021 / 懂得回报员工的企业更持久

第❷堂课 合理的激励 鼓励优秀的员工

026 / 给员工一定权力是最好的信任
029 / 正确的批评是由错到对的转化剂
033 / 积极的赞美是员工优秀的催化剂
036 / 及时的肯定是最有意义的鼓励
039 / 相信自己是最强大的动力
043 / 合理的奖励是最有价值的激励
046 / 团结互助的集体更能共同进步
050 / 设定目标的表扬更容易鼓励出成绩
053 / 落到实处的激励才是真正的激励

第❸堂课 完善的制度 锻炼优秀的员工

058 / 有约束的民主才是真正的民主
061 / 合理是最基本的原则
066 / 奖惩分明是最不可或缺的规定
069 / 执行到位是最终的评价标准
073 / 科学的流程是保证落实的基础
075 / 带有人情味是不能忽视的细节

第❹堂课 优秀的集体 凝聚优秀的员工

080 / 凝聚力是企业精神的灵魂
083 / 充分信任是最有力量的凝聚
086 / 协调合作是最有竞争力的凝聚
089 / 人尽其用是最有效率的凝聚
092 / 目标统一是最易成功的凝聚
094 / 乐于助人是最有价值的凝聚
098 / 团结合作是最聪明的凝聚
101 / 注重沟通是提高凝聚力的关键

第❺堂课 良好的心态塑造优秀的员工

106 / 成功需要好心态保驾护航
108 / 人才绝不在抱怨中等待
112 / 等待成功需要凡事看淡一点
115 / 开拓未来需要眼光长远一点
119 / 把握机会必须终身不忘学习
122 / 不想失败必须拒绝浮躁
126 / 持续发展不妨看淡金钱
129 / 懂得感恩会收获更多机会
132 / 微笑的力量

第❻堂课 高度的责任感打磨优秀的员工

138 / 爱岗敬业是最基础的责任感
141 / 节约资源是最有爱的责任感
143 / 比老板更投入是最有前途的责任感
146 / 拒绝拖延症是最自律的责任感
150 / 热情是最执着的责任感
153 / 对自己负责是最强大的责任感
156 / 认真专注是最有收获的责任感
160 / 精益求精是最有潜力的责任感

第❼堂课 严格的自律 成就优秀的员工

166 / 懂得自律更能超越自我
167 / 忠诚度与信任度成正比
171 / 根据环境调整自己更易成功
175 / 不懂就问才能更快成长
179 / 慎独为自己创造更多机会
182 / 珍惜时间拥有更高效率
186 / 及时反思确保每天都进步
189 / 守口如瓶就是保护自己

第❽堂课 创新思考 创造优秀的员工

196 / 跳出常识会看到更广的世界
200 / 墨守成规会失去很多机会
204 / 学会思考会有更多发现
206 / 发挥创造力能创造更多奇迹
209 / 不盲目相信经验才是最好的经验
212 / 失败不过是成功的暂时等待
217 / 换个角度海阔太空

第❾堂课 精致细节 雕琢优秀的员工

222 / 不以善小而不为，不以恶小而为之
226 / 注重细节创造机会
230 / 熟悉更多细节打造更高品质
234 / 积小成大造就成功
238 / 重视细节用专注实现梦想
242 / 准备好细节准备好成功
246 / 站在更高的位置对待细节

第❿堂课 好习惯 成就优秀的员工

252 / 养成学会规划的习惯
254 / 养成寻找榜样的习惯
257 / 养成劳逸结合的工作习惯
261 / 养成随时随地帮助他人的习惯
264 / 养成勇于承担责任的习惯
267 / 养成能坚持有毅力的习惯
271 / 养成有节制的习惯

第1堂课

优秀的企业文化培养优秀的员工

聪明的老板会主动创造机会打造员工，直到他们优秀。优秀员工的创造者首先应该是企业自身，其中最关键的一点就是建立真正的企业文化。

企业的核心竞争力是文化氛围

企业的竞争归根结底是一个企业的文化竞争，因为文化决定了企业的核心竞争力。

我们能否取得一番成就，关键在于我们身边的人、身边的环境。这样，我们才能不断受到熏陶，进而找到属于自己的位置。我们需要朋友，就需要好的工作环境，这样，我们才能一步步向成功迈进。孟母三迁的故事相信很多人都耳熟能详。

孟轲从小丧父，母亲靠织布来维持生计，孟轲的母亲一直都希望儿子能够好好读书，将来考取功名。所以，在孟轲很小的时候，他的母亲就非常注重对孟轲的教育。

他们原先住在一个墓地的附近，那里基本上每天都会有人去烧纸或者办丧事。由于孟轲每天面对的是别人办丧事，不久，孟轲也开始模仿他们，没事就和小朋友们在一起假装死人，还哭爹喊娘的。孟轲的母亲对此很是担忧，感觉这样的环境不利于孩子的成长和学习，于是就把家搬到了一个离集市不远处的地方。那里每天天不亮就有很多人开始叫卖，不久，孟轲也学着别人满大街喊叫，没事还去集市上帮助别人卖菜。孟轲的母亲还是对这样的环境不满意，最后举家搬到了一个私塾附近，那里每天都有很多学生去私塾读书。虽然孟轲的母亲没有足够的钱财让儿子进入私塾接受教育，但是这时的孟轲每天都会跑去听先生讲课，并深深地爱上了学习。

看到孟轲苦学的样子，孟轲的母亲这才放下心来："终于找到了一个好的地方安家了。"也是由于这样良好的环境，才成就了以后的孟子。

孟母三迁的故事告诉我们，环境对于一个人人生的影响是非常大的。如果孟轲的母亲没有用心良苦地为孟轲选择好的学习环境，相信也就不会有孟轲后来的成就。

家庭教育如此，培养员工也是如此，只有让企业拥有良好的文化氛围，才能立足于商业界。在各大企业的竞争中，虽然表面上是企业实力的互相较量，但归根结底比的是一个企业的文化，因为文化决定了企业的核心竞争力。

我们经常看到某些公司的员工，工作时能偷懒就想着办法偷懒；做工作的时候，也只是做到差不多就行了等，这主要就是与公司的文化有关。

很多管理者总会陷入一个误区，那就是认为他们的公司根本就没有什么文化建设，怎么就与文化有关呢？其实在公司诞生的那一刻开始，企业就有文化的存在了。文化就是一家企业的思想，是随企业产生而产生的。这些文化与企业所在的环境以及企业的每一个人都有着关系，如果这个文化不是积极的，那么新的员工来到这家企业，就会被这里的文化环境所影响。当然，更有可能的是，如果一家企业拥有着良好的文化环境，就能培养出优秀的员工。

杨娟是一个农村女孩，出门打工的时候只有20岁，那时的她非常任性，是个典型的"叛逆者"。但5年之后她终于衣锦还乡，杨娟自身所展现的改变让全村人有目共睹，杨娟现在非常懂礼貌，而且性格温和，做事也非常有条理。这不禁让杨娟的父母非常欣慰，他们不知道到底是什么改变了自己的女儿，成就了孩子现在的作为。

原来，杨娟在5年前来到北京找工作，由于自身学历不够，想找一份让自己满意的工作很难，最后在朋友的建议下，她去了附近的一家麦当劳店工作。以前，杨娟总是听别人说打工的苦恼、老板对员工如何苛刻、员工之间怎样钩心斗角。但来到麦当劳她才大开眼界，如果你没有深入地了解，是很难分辨出谁的级别高、谁的级别低的。因为麦当劳的同事之间不论级别的高低，彼此之间从来都是直呼其名，大家在一起就像一家人一样，感觉非常轻松。

在那期间，杨娟曾经也想过不做服务行业，但是麦当劳良好的企业文化却深深地吸引着她继续待在那里。有一次，杨娟因为闹情绪，再加上自己天生的坏脾气，工作中与一位同事发生了口角，而且得罪了一个顾客，弄得彼此之间很不愉快。杨娟本以为这次自己肯定会被“炒鱿鱼”了，但出乎意料的是，领导不仅没有开除她，还非常细心地了解了事情的缘由，并诚恳地安慰杨娟。

就是因为如此，杨娟打消了离开的念头，而是兢兢业业地做自己的工作。在麦当劳文化环境的熏陶下，杨娟也开始改变自己，她不再那么任性，哪怕自己不开心，她也会自我调节，每天乐观地面对每一个人和每一件事。

杨娟的很多朋友都劝说杨娟不应该一直待在一个地方，应该找个更能够锻炼自己的工作。每次听到朋友的劝告，杨娟总会说：“谢谢你们的好意，但是，我感觉在麦当劳上班能够学到很多在其他行业很难学到的东西，这里就像我的家，我暂时不会离开。”其实，只有杨娟知道自己到底能收获什么，品行、修养、内涵，很多很多……

从杨娟的故事中，我们可以看出，正是麦当劳这种良好的文化环境，让她从一个普通人一步步变成了优秀员工。也正是麦当劳拥有的这种良好的文化环境，使其走过了近60年的风风雨雨，最后还能永葆生机。

其实，对于每一个企业来讲都是如此，哪怕两个企业的起点是一样的，但如果企业内部的文化环境不同，那么时间一长，两者之间的差距也就显而易见了。因为一个好的企业文化才能培养出非常出色的人才，而员工也只愿意在文化底蕴丰厚的企业里展现自身的才华，只有在这样的企业中，他们才能把自己的能力展现得淋漓尽致。

优秀的学习氛围督促员工变得优秀

好的学习氛围可以不断提高员工的能力，进而提高企业的实力。

很多企业领导者苦恼于“团队不好带”、“业绩上不去”等问题，很大程度上是因为企业没有一个好的学习氛围，进而导致员工进步太慢。社会在迅猛发展，一名员工倘若进步太慢，就会被淘汰；一家企业倘若进步太慢，就会倒闭。

作为员工，要想自己不被淘汰，就必须提高自己的能力。作为企业，要想不倒闭，同样要增强员工的能力。所以，从员工、企业两方来说，提高员工的能力都是必要的选择，而要提高员工的能力，就必须要让企业拥有好的学习氛围。

现在很多企业都把学习氛围看得很重要。于是，企业在内部建立图书馆，定期对员工进行培训指导，让员工的能力大幅度地提升。可以说，一家企业是否有好的学习氛围是他们成功与否的必要前提。

张怡然是一家策划公司的老板，自经营以来可以说是一帆风顺，没有遇到多大的问题，同时也没有太大的成就。但是，随着信息时代的到来，他渐渐感觉公司的一些策划模式已经远远落后于其他一些新办的企业，他简直不敢相信以自己的能力竟然会败给那些新手。

经过再三考虑，张怡然终于意识到自身问题的所在，自从公司营业以来，公司从未给员工提供过技能培训，员工们也很少主动去提升自己的能力而去学习更多的知识，这也就决定着自己的员工与那些优秀企业相比，能力相差太大。

于是，在短短的3个月内，张怡然自掏腰包组建了技能培训班，请了当地非常有名的策划老师来给员工进行培训。他还经常强调企业技能的重要性，引导员工突破原有的策划模式，在传统的基础上加之自己新的想法。就这样，在之后的几个月里，张怡然策划公司内部的氛围就不一样了，员工不再一下班就离开公司，而是常常坐在一起讨论学到的东西。看到这一切，张怡然会心一笑："幸亏我觉醒得还不晚。"

从那以后，张怡然开始不断地寻找合作伙伴，只要有深造的机会，他就会为本公司的员工极力争取。正是这样的做法使公司内部的员工每天工作的激情都非常高，在新知识的熏陶下，再也没有人抱怨工作的无趣。而张怡然的公司在3个月内的赢利就比前几个月翻了好几倍，令很多生意上的伙伴刮目相看。

张怡然的公司之所以没有面临危机，主要是因为他及时地意识到了自己的失误，努力让自己的企业有一个好的学习氛围。

这个社会每天都在改变，每天都会更新我们已有的知识。对于企业来说，要想提高企业的实力，就需要让员工不断地提高自己的能力，这就需要企业有一个好的学习氛围，别以为一直用那些旧经验就可以解决企业要面临的所有问题，一招鲜吃遍天，这根本就是不可能的事。

秦国是一家广告公司的老板，他总是抱怨自己公司的员工能力太差。他想用高薪招聘一些能力强的员工，可是当人们知道他是个自私鬼后，都不敢去他的公司为他工作。

秦国看着自己同行的那些企业一步一步壮大，心里特别着急，于是就向一些老板寻求“秘方”。当他听到那些老板在大公司里大张旗鼓地组建培训班，而且不惜花重金让员工深造时，秦国就问，这样见效快吗？老板们说，至少半年才能有明显的效果，而且在这半年里，需要在这“学习”文化建设上投下不少钱。听到需要花费大笔的钱，秦国犹豫了，最后他决定还是继续坚持自己的传统，让员工自己去提高能力。

后来，由于很多企业纷纷改革，秦国则按兵不动，在不到半年的时间里，秦国的公司入不敷出，无奈之下只好关门大吉。

从秦国的故事，我们就可以看到，一家企业如果没有好的学习氛围，就会倒退。在秦国看来，那些老板投入大笔钱为员工营造学习氛围很愚蠢。因为资金赚不回来，如果再加上员工跳槽了，那自己不就是赔了夫人又折兵吗？然而秦国的想法才是愚蠢的，实际上也确实如此，如果一家企业能不断提升员工的能力，员工又怎么舍得离开呢。

因此，作为企业的管理者，一定要清楚好的学习氛围对于一家企业的重要性，如果能把这种好的学习氛围形成一种企业文化，那么员工就能更心甘情愿地去工作，这样就能不断地在工作中汲取更多有利的东西，使自己不断进步，进而促进公司的发展。

不要再责怪自己的员工不是最优秀的，也不要责怪自己的员工工作总不积极，因为我们首先要想到的就是，企业是不是缺少一种好的学习氛围。我们很清楚，任何一位员工内心最深处都急切地盼望自己的能力可以得到提升，这就告诉我们，只要让企业里拥有一个好的学习氛围，员工就会在这种氛围下自主地培养自己。

糟糕的集体遏制人才的发展

英明的企业主应该主动建设健康、阳光的企业文化，使公司朝着良性的方向发展。

“有人的地方，就有江湖。”如果把一家企业看作江湖的话，我们一眼就可以看出里面存在阴暗现象。这主要就是企业里员工之间的内耗。

企业里的“内耗”，会破坏企业的文化环境，影响企业的可持续发展。这主要是因为，内耗让员工们把精力放在钩心斗角上去了，员工的工作质量与效率就会大大地降低，从而损害企业的根本利益。

张宝光是一个见不得别人比他优秀的人，所以，在他当上公司医学总监不久后，上演了一场钩心斗角的大戏。

公司里有一个重点项目，以前张宝光就对这个项目很感兴趣，可惜这个项目最后还是分给了李文杰，如今项目已经进行到了一半。张宝光知道只要完成这个项目，李文杰很可能就要晋升，这可不是他想看到的，更何况他们之间还有一点不愉快。

所以，他经常就去找李文杰，要他把这个项目停下，其实张宝光就是想把李文杰从这个项目上调走，然后自己找机会负责这个项目。可是李文杰不干，所以，他依然按照计划邀请了所有参加项目的工作人员来开会，并把十几家医院的医生请到了他们公司来参加这次会议。

由于张宝光是领导，所以李文杰还得请他来做开场发言。可是，李文杰没想到张宝光一上来就没有鼓励大家，却说这个项目的方案有很多地方他是不同意的，这让李文杰脸色很难看。

当然，这只是一个开头，接下来由李文杰的手下岳林来讲解项目的主要内容。中间由于某个医院的医生提出一个比较刁钻的问题，岳林回答得有些含糊，这种事情从前也发生过几次，只是没想到这次坐在一旁的张宝光不耐烦了，两次跳出来粗暴地打断了岳林的回答，这让岳林很难堪。

会议结束后的这天下午，张宝光找到了李文杰，让他召集所有的员工到会议室开会，李文杰召集了所有的员工到了会议室。会议上，张宝光大发雷霆地说，从来没开过如此混乱的会议，毫无组织，回答问题磕磕巴巴，根本没有自信；会场布置得凌乱不堪，等等。李文杰知道，张宝光是冲自己来的。

当时在场的所有人都傻了，没想到张宝光会如此大发雷霆。他大喊大叫足足有10分钟，李文杰开口了："张宝光，这种会议我不是第一次，也不是第二次开了，会上有些小观点、有些争论，也是正常的。你把会议说得一无是处，我是不同意的。"

"争论可以，但是我们要有公司的形象，知道吗?"张宝光还在喊。

看到张宝光这样，李文杰也火了，他也大声地说："你觉得损害了我们公司的形象是吗？让所有的与会者给一个评价。这样，你我也能对大家有个交代，好吗?"

看到李文杰发火了，张宝光也没说什么，直接就走开了，这让李文杰感到了巨大的侮辱。

此后，张宝光利用自己和老板的良好关系，处处刁难李文杰。

在与张宝光的争斗过程中，李文杰感到疲惫不堪，半年后，他离开了公司，并且还带走了一大批工作人员。

我们可以想象一下，在这样一个内耗泛滥的企业，员工还能踏实地工作吗？更别说要培养出什么优秀的员工了，这样的企业在如今的年代，撑不了几年就会走向倒闭。因为这些内耗的现象会在企业里形成一种不良的企业文化，它从根本上遏制了企业里人才的发展，最终导致企业失败。

那么，该如何遏制这种由“内耗”导致的不良企业文化呢？这虽然是一个系统而庞大的工程，但原则性的东西仍然有迹可寻，企业主应该从以下一些方面着手。

1.要有正确的人才观

企业用人的标准应该明确化，特别是“德”与“才”这二者的辩证关系问题，是企业领导在用人问题上必须弄清的首要问题。像上面故事里的张宝光就是因为在“德”方面有所欠缺，这样的领导会直接遏制一个部门甚至一个企业的生存发展。所以，一个企业家最好要找到德才兼备的人才，但很多情况下是鱼与熊掌不可兼得，必须作出取舍。而在什么样的时机、什么样的情况下进行取舍，都是对企业领导者的智慧的一次检验。可以说，用人问题处理得恰当与否，直接影响公司里的其他员工，从而关系着公司的发展。

2.企业的管理制度一定要合理

一家企业没有合理的制度，虽然在一段时间内不会出现大的问题，但是由于没有制度约束，就会无法控制员工对权力和金钱的贪欲，在这样的企业，你不能永远期望靠员工的自身品质来保证公司的整体利益，而利益分配的失衡或不公正，也经常是公司内部矛盾的源头。因此，建设合理的企业制度，通过制度形成对权力的制约和利益分配的平衡机制，是缓解甚至消除公司内耗的有效方法。

3.把管理的链条缩短

很多企业的中低层员工根本就不能把自己的想法告诉高层领导，企业也自然不能作出更好的战略方案让员工提高工作效率。所以，我们经常就会看到，管理链条每增加一层，人际关系的复杂程度就会增加一倍，员工的工作效率也会降低许多。

因此，缩短管理链条、压缩组织层级，是抑制公司内部矛盾的有效手段。特别是在人员少的小公司，除非特别需要，一般不要人为地增加层级。

4.在包容和开放的心态下寻求解决矛盾的方法

在公司的内耗中，虽然在斗争的双方来看，矛盾似乎无法调和，但从公司整体角度看，他们的矛盾仍然是可以化解的。在对利益进行合理、公正分配的条件下，仍然可以找到使两者握手言和、再次为公司的共同利益奋斗的解决之道。此外，在另一些情况下，甚至可以利用这种“矛盾”将其转化为互相竞争的动力，最终获得双赢或多赢的结果。

一个英明的企业主，应该主动建设健康、阳光的企业文化，抑制内耗，以使公司朝着良性的方向发展。

尊重人的企业会收获更多的忠诚

只有你尊重了别人的主张，你的主张才会被别人肯定。

有些人的心中一直有这样的观点，你敬我一尺，我敬你一丈。尊重别人在当今社会已经成为一种很重要的文化被传承，并且这种文化越来越被企业重视。

因为在企业家看来，只有“尊重”这种文化的存在，员工才能尊重自己的公司、尊重自己的老板、尊重自己的同事、尊重自己的工作。在这样的环境氛围下，优秀的员工也会由此诞生。

曾经有一位商人在街上闲逛的时候，看到路边有一个卖铅笔的人，那个人衣衫褴褛，潦倒至极。商人心生怜悯，于是，他过去随手丢给了那个人 10 元钱，然后头也不回地离开了摊位。当他走出 10 米外的时候，他突然感觉自己作为商人，那样对待那个卖铅笔的人是不礼貌的。

于是，商人又走回去，并说自己忘记取铅笔了，让他不要介意。商人拿了铅笔即将离开的时候，他微笑着对卖铅笔的人说：“其实，你和我一样，我们都是商人。”说完就离开了。

当卖铅笔的人听了这句话后，拿着自己的铅笔默默地离开了，没有人知道他去了哪里。

一年以后，当地商业界举行了一个商业研讨交流会，那位商人自然应邀出席，会上有一个西装革履、风度翩翩的男子走到他的面前：“先生，非常感谢你，你或许已经忘记我了；而我也不知道你的名字。以前我一直以为自己就是一个推销铅笔的乞丐，但你的一句‘我们都一样，都是商人’让我拥有信心，而正是因为这样，才让我有了今天的成就。”

从这个故事里，我们就可以看出尊重的力量是非常惊人的，谁会想到只是因为商人那么简单的一句话，就能改变一个落魄的人，商人的话里显示出了尊重，而正是这种尊重激发起了一个极度自卑的人的自信心，让一个处境窘迫的人重新找回了自信。我们试想一下，如果那位商人扔下钱就离开，没有留下那句鼓励的话，相信那位商人纵使给那个卖铅笔的人几千元也是无济于事的。

我们可以想一下，在企业中，如果每一位员工都能做到尊重对方，企业的竞争力就能够得到大大的提升。企业内部的员工，如果失去了对彼此的尊重，就很容易产生内耗，这样的企业，怎么能把大家的力量集中在一起呢？不懂得尊重别人的人就等同于放任自己的人脉流失，就等同于拒绝获得成功，或许眼下你为了图一时痛快而这么做了，但痛快过后等待你的将会是朋友的决绝而去。那些优秀的领导者都知道，尊重他人在生活和工作中都是至关重要的，所以，不管在什么时候，他们从来不会践踏别人的尊严。

1949 年，37 岁的大卫·帕卡德参加了一次美国商界领袖们的聚会。与会者就如何追逐公司利润侃侃而谈，但帕卡德不以为然，他在会上说：“一家公司有比为股东挣钱更崇高的责任，我们应该对员工负责，应该承认他们的尊严。”

帕卡德在造就硅谷精神方面的贡献，恐怕超过了任何 CEO。就像希腊的民主领袖帕卡德一样，他会尊重并欣赏每一个人的态度，对周围的人和企业的影响至深至远。正是创始人帕卡德这种尊重别人的思想和精神，缔造出了今天惠普（HP）这样一个产业帝国。

一些领导者总是埋怨身边没有人才，找不到人才，或者总是叹息人才的流失，这是怎么造成的呢？是否企业自身存在某种缺陷呢？因此，只有提高企业本身的文化、提高人才的素质、创建他们满意的工作环境，才能使身边人才济济。而要做到这一点，管理者首先要从“尊重”开始，对人才做到尊重、尊重、再尊重。只有你尊重了员工，你才会赢得员工最衷心的尊重，而就是这样一种尊重氛围将会影响到身边的人，使得他们在这样一种良好的氛围下更加努力地工作。

“尊重”这个词说起来容易，做起来却很难。有些管理者觉得自己高人一等，他们认为自己没有必要对所有人都作出一副尊重的姿态，颐指气使一下也是可以的。但是，我们要知道“尊重”是种修养，是由内而外透射的人格，而这种人格是需要修炼积累的，如果你想让公司的员工能把尊重别人放在心上，作为企业领导的你，首先就要懂得尊重你的员工。“尊重”也是衡量一位领导者成功与否的标准。

在这方面，“经营之神”松下幸之助可谓深谙其道。

一次，松下幸之助带着几名高层来到了公司的餐厅吃饭。一行人都点了牛排，大家津津有味地吃了起来，唯独松下先生只吃了几口。松下看到大家用完了餐后，便让助理去请烹调牛排的主厨过来。

松下特别强调说：“不要找经理，找主厨。”

助理这才注意到，松下的牛排只吃了几口，心想过一会儿的场面可能会很尴尬。

主厨很快就过来了，他很紧张。因为他知道请自己过来的人，是大名鼎鼎的松下先生。

“有什么问题吗，先生?”主厨紧张地问。

“你烹调牛排的技术很不错，”松下说，“但是我只能吃几口。你看看，我如今都80岁高龄了，胃口大不如从前。”主厨与其他用餐者，困惑得面面相觑。

松下说：“我叫你过来，并不是因为你的厨艺不好，而是想告诉你，因为我的年龄大了，胃口大不如从前，所以才只吃了几口而已。如果我不说明原因，你看到被退回的牛排，心里一定会难受。这是我不愿意看到的事。”

松下的言行举止体现出了一位成功企业家本应具有的品质——尊重，也正是松下这种处处尊重他人的行为，让松下企业的员工素质越来越高、企业的竞争力越来越强。又有一次，松下对一位管理人员说：“我个人要做很多决定，并且要批准他人的很多决定。实际上只有40%的决定是我真正认同的，余下的60%是我有所保留的，或者觉得过得去的。”

这位管理人员感到非常惊讶。在他看来，如果松下不同意办某件事，一口否定就是了，大可不必如此。但松下则认为，对于那些自己认为还算过得去的计划，可以在实际操作过程中指导他们，使他们重新回到所预期的轨迹。因为在他看来，作为一个领导者，有时候，你必须应该接受一些自己不喜欢的事，因为只有你尊重了别人的主张，你的主张才会被别人肯定。

总之，一个企业必须有“尊重”这种文化的存在，这样才能让员工们互相尊重，而作为管理者的你，必须要身体力行。让员工懂得如何去尊重别人、尊重自己的工作，这样才能培养出优秀的员工。

“要想赢得别人的尊重，首先就得先尊重别人。”这句话，如果用在管理上就是，要想让员工们互相尊重，那么企业的管理者首先就得尊重员工。因为企业的管理者具有强大的榜样力量，并且他的一举一动都在影响着每一位员工。而正是因为如此，管理者的尊重才显得尤为重要。

公平公正的用人管理留住优秀员工

领导者如果厚此薄彼，让员工感觉到不公，最终会带来消极怠工，甚至辞职走人。

在企业里，我们经常会听到一些员工发出类似的抱怨："既然你那么袒护某某，那么我们都不要用心给你干了，全部都交给某某一个人完成好了。"员工出现这样的心理，主要是有些领导者不能对员工做到一视同仁，这自然会伤害到大多数员工。

刘邦消灭项羽后，回到洛阳，接下来就是要对功臣论功行赏了。可是刘邦只对主要功臣进行了封赏，对一部分将领却迟迟不肯封赏。

一天，刘邦听到消息，说不少将领聚集在一起窃窃私语。刘邦就带着张良去看了看，他很疑惑，现在又不是打仗的时期，他们聚集在一起在干吗呢？

他就问身边的张良："他们在干什么呢？"

"他们在商量谋反呢！"张良答道。刘邦骇然："他们刚刚用自己的性命把江山打下来了，怎么要谋反呢？"

张良说："陛下，您想一想，这些人是卖命才帮您夺得了天下，可是您只封赏萧何、曹参这些您所钟爱的大臣，而另外的部将却没得到您的封赏，很不服气，而且他们害怕陛下怀疑他们平生的过失而诛杀他们，所以才聚在一起，准备谋反。”

“那怎么办呢?”刘邦很着急地向张良请教。

张良说：“陛下最恨哪个大臣?”

刘邦答道：“雍齿曾背叛过我，还把我逼得无立足之地，我想杀了他，只因他功劳大，我才不忍心下手。”

听了刘邦的话后，张良劝道：“那么，您现在赶快封赏雍齿以示诸将，使之安心。”

于是，刘邦大摆宴席，封雍齿为什方侯。诸将欢声雷动，说：“雍齿可是陛下最痛恨的人，如今都被封侯，我们还有什么好担心的呢?”

如果领导者对一些所谓的心腹偏袒，这样虽能使他们心存感激，但也可能让他们觉得做错事，你也是睁只眼闭只眼，相信最终的结果就是纵容他们一错再错，让其他的员工忍无可忍。于是，他们有可能就会像刘邦手下那些没有得到封赏的将领一样心存不满。

李建毕业后不久，就走上了自己的创业之路，创办起了自己的网络公司。在短短3年的时间里，他的公司从一个只有5名员工的公司，发展到拥有近50名员工的大公司。但是，让人感到意外的是，李建在员工中的口碑并不好，很多人都说他分不清公私，不能一视同仁。

前不久，李建的表弟来公司上班了，很多人都知道他是通过李建的关系进来的。虽然大家知道他们的这层关系，但是却没有人在意什么，只是李建的表弟工作的时候非常马虎，而且每天在工作时间总是打他的电游，并且把声音调得很大，很多员工都向李建提出了这个问题，但是李建却总是说：

“他刚来，很多规矩不懂，以后就懂了。”

小辉是公司设计部主任，他知道，如果公司这样下去，定会受到很大的影响，作为设计部主任，他不能袖手旁观。于是，小辉把李建的表弟叫到办公室谈话，把问题给他稍微提了一下。谁知下午李建就把小辉叫过去数落了一番：“你怎么可以这样对待一个新员工呢？这样做是你不对，以后他有不对的地方可以来向我说，你就不用管了。”听了李建的话，小辉顿时觉得非常失望，虽然他觉得李建有点自私，但他想不到李建居然这么过分。从此，李建在小辉心中唯一的一点好印象也消失殆尽了，小辉除了工作，再也没有过问过李建的表弟。

之后不久，李建的一番话让小辉再也不想在这里工作下去了。有一天，小辉去汇报一个月的成绩，当他走到门口的时候，里面传出了声音。

“表哥，我不管，我下个月要做设计部主任，你自己看着办。”这是李建表弟的声音。“你这不是为难我吗？你没有能力怎么胜任啊？行了，你先回去，我让你当就是了，只能让小辉下来扶植别人了。”

就因为这样，小辉没等李建说什么，写了辞职信离开了公司。这样一来，很多人因为和小辉关系非常好，而且他们也不喜欢李建的自私，最后也纷纷离开了。

因为李建不能够一视同仁地对待公司的员工，致使员工一个个离开，这种企业一定是不可能发展壮大的。领导者如果厚此薄彼，就会让一些员工产生逆反心理，更会使得一些员工挖空心思投老板所好，以此博得老板的喜爱，自己也好乘机捞取利益。而且，这些人还会挖空心思将其他能力强、业绩好的同事挤下去，整个团队也会被搞得乌烟瘴气，造成不良的局面，这样一来，领导者还怎么进行管理？

因此，领导必须对所有的员工都要做到一视同仁。做到这一点，最主要就是体现在对员工的公平。公平也分很多种，因为仁者见仁，智者见智，我们每个人的理解都不一样，也会有人认为不够公平。那怎么办呢？就是要以公平之心来管理，凡事做到透明、公开，正如某位名人所说："平不那么容易，只要公就行了。"

最影响员工积极性的，就是领导者不能对员工们做到一视同仁。一旦让员工感觉到你对他们不公平，他们就会消极对待工作，甚至最后辞职走人。所以，作为领导者，做到一视同仁很有必要，这不仅能体现出你的领导能力，更能增加你的影响力。

有人情味的企业更有凝聚力

一个公司最主要的使命，是培养员工对企业的一种家庭式的情感。

对于大多数人来说，家是最温馨的地方，也是每一个人栖息的港湾。领导者如果能把企业营造得像家那样温馨，员工们自然就会把公司当成自己的另外一个家，企业员工也就会像一个大家庭成员那样团结和睦，这样一来，就会大大地提高整个企业的凝聚力和战斗力。

松下幸之助一直以把企业打造成家那样温馨为目标。所以，他经常深入员工中，亲切地与他们聊天，并且问候他们的家人。如果员工在工作或者生活上出现困难，都可以直接去他办公室找他。

一次，松下幸之助在外旅行，但没过多久就回来了。员工们都很纳闷，于是有个经理就走过去追问原因，松下幸之助略带失望地说："你们都不在，我一个人玩没什么意思。"接着，他还安排了一次盛大的聚会，让所有的员工都一起参加。

在聚会上，他还叫工作人员摆了一个大玻璃箱，里面竟然有一只巨大的短吻鳄！员工们都惊呆了。

松下幸之助此时微笑着说："这家伙应该很好玩吧？"

很多员工根本就没见过短吻鳄，何况还是这么大的。所以，当松下幸之助问他们的时候，他们高叫着好玩，现场的气氛非常热烈。松下幸之助接着说道："虽然我的旅行很短暂，但这是我最难忘的记忆。现在我把它买回来，是希望你们能与我共享快乐！"

松下的这一番举动决不是逢场作戏，类似的事情经常在公司里发生。他每到一个地方，那个地方都充满了笑声，员工们都很喜欢他，把公司当成自己的家一样，工作起来也就会特别卖力了。

正是松下的这种形象使公司里的员工们获得了一个温馨快乐的工作环境，也正是这个环境成就了松下公司的辉煌。对于一个领导者来说，越是让员工感觉到家的温馨，公司就越能吸引员工，就越能营造出其乐融融的工作氛围，就越能提高整个团队的凝聚力和战斗力。

索尼公司董事长盛田昭夫说："一个公司最主要的使命，是培养员工对企业的一种家庭式的情感，即经理人员和所有雇员同甘苦、共命运的情感。"企业和员工不只是利益的共同体，更是一个情感的共同体，就此员工才会感觉到自己在这个企业里不仅仅只是打工仔，这样，他们才能让员工变得越来越优秀，进而提升企业的竞争力。

我们可以想象一下，如果一个员工能在公司里感受到家庭般的气氛，他便会安下心来工作，无形中，员工的士气也就提升了。公司企业打造企业的同时，其实也是在为员工打造另外一个家。

企业一定要让员工感觉到家的温馨。有了家庭的温馨，员工自然就能一心一意地扑在工作上。此时，员工对企业就不仅是感恩了，而是油然而生的一种“鱼水之情”。这样的员工又怎能不会迅速成长起来，为公司更好地奋斗呢？

懂得回报员工的企业更持久

感恩是相互的，不能只要求员工感恩企业，却不知道感恩员工。

古人说：“滴水之恩，当涌泉相报。”这就告诉我们，如果能把“感恩”融入到企业文化中，那么企业领导就会感谢员工对企业作出的贡献；员工也会感谢企业为他们提供了工作而对工作更加尽责，自身也会在这种感恩以及积极向上的氛围里变得更加优秀。

安格斯在童年的时候，因大脑受到了伤害，所以，他的反应比正常人慢上许多。他长大后，福利机构认为他不适合工作，他去应聘的几家公司都无情地拒绝了他。

但安格斯没有放弃，他认为只要坚持下来，总会有公司接纳他的。事情就如他想的那样，最后怀特金斯公司接纳了他。

他被派到条件艰苦的波特兰、奥根地区开展业务。开始，工作开展得很不顺利，没有一个客户愿意买他的商品。更糟糕的是，他每天需要花在工作和路上的时间共14个小时，等他晚上回到家时已经筋疲力尽了，关节痛、偏头痛经常折磨着他。

但是，安格斯知道，他不能放弃。他感谢公司雇佣了自己，他要对公司负责，就是这种责任意识推动他不断地努力工作着。

那一段时间里，安格斯不管遇到什么样的困难，他都会一直艰难地爬上楼梯，按响门铃，然后微笑着等待，几句经过深思熟虑的问候语也会挂在嘴边。如果没有人来开门的话，或者门开了又很快关上，他就转过身，仍然面带微笑，迫切地向下一户人家走去。

渐渐地，在安格斯负责的地区里，越来越多的人被他的精神所打动，人们开始乐意购买他的商品，他的业绩由小到大，节节攀升，成为公司销售技巧最好的推销员，并赢得了公司有史以来第一份最高荣誉——杰出贡献奖。

安格斯的成功向我们说明了一个道理：一个人只要对企业感恩，就能拥有不怕失败的意志。这也是为什么安格斯能克服自身生理缺陷造成的不足，以积极的负责态度投入到工作当中，并成为最优秀的推销员的主要原因。

日本松下电器公司之所以能长盛不衰，其精神内核就在于松下幸之助非常推崇“感恩文化”。他认为，一个人只有懂得感恩，那么他才能对自己所做的事情有活力与信心。

据说，松下幸之助每天都会给员工倒茶，他不认为这有失尊严。他认为企业所有的成果都是员工努力奋斗出来的，所以他尊重员工、感恩员工，也正是由于松下幸之助懂得感恩，他的企业才会拥有无数敬业乐业、拼搏进取的好员工，因为谁都愿意为这样好的老板效劳。

有一则这样的故事。

张涛在桦桐家具有限公司打工，在工作期间，得了肝癌。

为了治疗张涛的病，他的家人花光了所有的钱，最后，人体脏器移植的费用需要 30 万元，在当时，别说 30 万，就算一两万他们家也拿不出了。

就在这个时候，公司老板李国飞义无反顾地掏出了 30 多万元巨资，去挽救一名身患绝症的普通打工仔的生命，并表示将一如既往地资助张涛今后的治疗。

张涛回到公司工作的时候，他已经跟一个正常人没有两样了。他对企业不断地付出，企业也对他的回报越来越多。现在桦桐家具有限公司已经从原本只有几十个员工的小企业发展到 5000 多人，产品除了国内之外，还主要销往欧美市场。

张涛身患绝症，其所在的企业可以不承担责任和义务。但老板李国飞所做的，正是源于对员工的感恩。李国飞道出了心声：“因为他们是企业最宝贵的财富，为公司发展立下了汗马功劳。”这样的企业，怎能不发展壮大呢？这样的老板，又怎能不会拥有一大批优秀的员工呢？

有的企业家尽管经常把“感恩”两个字挂在嘴上，但大多是要求员工对企业、客户、领导要感恩，却不曾想到企业对员工也要感恩。在一些企业家的眼里，员工拿工资为企业干活天经地义，有什么好感恩的？可他们却不想一想企业兴旺的根源在哪里？如果没有员工的兢兢业业，没有员工的齐心协力，没有员工的团队精神，企业的兴旺发达又从何而来？

作为企业的管理者，“感恩”这两个字，不仅仅只要求体现在员工的身上，管理者更要身体力行，因为感恩是相互的。如果你只是一直要求员工感恩，而自己不感恩于员工的话，即使得到了员工的感恩，那也不是真诚的，不真诚的感恩，又怎么能让企业产生优秀的员工呢？

第2堂课

合理的激励 鼓励优秀的员工

人都愿意得到表扬。用合理的激励方法可以有效地让员工保持工作热情，最大限度地发挥他们的潜能，协助企业变得更优秀。

给员工一定权力是最好的信任

授权其实是一种最好的激励。

凡事事必躬亲，不少领导者以此为乐，但是作为领导者一定要清楚，就算你再有能力，也不可能面面俱到、事事都能亲力亲为。你需要做的就是把一些职权交给下属，把他们团结起来，共同承担责任。

通用公司原总裁杰克·韦尔奇说得好："如果你想让公司迅速地发展起来，那么就要放权，这样你就能得到更多的信赖。千万不要企图让自己来单独完成某一件事情。你必须善于跟你领导的团队里的每一个聪明的家伙打交道，与他们建立良好的合作关系，并充分激励他们。如果你真正做到这一点，那么恭喜你，你已经把整个世界抛到屁股后面了。"

从韦尔奇的话中，我们就可以知道，授权其实是一种最好的激励，因为它不仅见效快，而且还能不断提高员工独当一面的能力。

微软公司的领导者有个特点，就是充分授权。所谓充分授权是指领导让下属在其管理者权力许可的范围内自由发挥其主观能动性。这样的授权方式，大大地提高了员工的积极性。但这种授权，要求授权对象有较强的责任心和工作能力。

更重要的是，由于微软充分应用互联网，使它能够在第一时间了解自己在全球范围的每个竞争领域的成本和盈利等状况，进而公司能够充分授权，员工可以快速决策，以前，这些决策只有CEO或是财务总监才能作出。但是，如今一线的经理就能在第一时间了解到原订目标的状况，并且作出决策。这极大地提高了效率。

而在高层，这种情况更为明显。几年前，比尔·盖茨就把自己大多数权力交给了鲍尔默，自己去担任微软的首席软件设计师，可以将绝大部分时间用于做自己最擅长的事情。这使他的亲友、同事甚至他自己都认为，这是以聪明著称的比尔·盖茨最明智的一次举动，甚至足以让所有竞争对手肃然起敬。

鲍尔默在担任微软的CEO之后，就放权给公司七大部门的负责人，自己做一个幕后教练。正是由于微软的领导者深谙授权之道，能充分地给予员工相应的权力，所以，微软才能保持不断的创新能力，保持强大的竞争力。

从微软的案例，我们可以看出，虽然授权表面上使领导者失去了一些权力，但实际上却激励了员工。

当然，授权也不是总有激励作用的，因为授权讲究的是一种艺术，需要领导者把握分寸，恰到好处地保证正确授权和合理遥控，否则，授权不当，就会适得其反。

例如，有些领导者在给下属交代任务的时候，由于没有注意方式，就会很容易让员工产生误解。比如你对员工说：“这项工作就拜托给你了，开始都由你做主，不必向我请示，只要在月底前告诉我一声就行了。”这样就很容易让下属感到：“这项任务，老板根本不重视，就算最后完成了，也没多大的意思。老板把这样的工作交给我，不是在小看我吗？”

对于领导者来说，要想用授权激励员工，真正地发挥授权的激励作用，需要竭力做到以下几点。

1. 授权一定要明确

有些领导在向下属授权时，总是不明不白，这使得下属未能了解领导的真正意图，就不可能把工作做得很完美，甚至还可能与领导所要的结果相差很大。

2. 给德才兼备的人授权

有不少领导喜欢授权给自己喜欢的下属，却没有过多地观察这些下属是否具备这样的能力，或者具备了这样的能力，是否对工作拥有很强的责任感。否则，很容易造成实际的偏差。

3. 授权不能越级

领导授权的目的，是为了激励员工，所以千万不要越级。因为你越级了，就会直接打击中间领导层的积极性，并且还会直接造成中间领导层工作上的被动，久而久之，会形成“中层情结”，出现中层管理不力的情况。

4. 不能推卸责任

当下属在工作上出现问题的时候，领导一定要对下属所履行的工作成效负全部责任。可是，有些领导者往往会将责任推卸到下属身上，这种做法显然是不对的。每一位领导者应保持这样的心态：“权力可授予，但责任却无可推托。”

5. 授权要有自信

有些领导者之所以不愿授权，是担心属下的表现会比自己更好，这样就会危及到自己的职位。这就需要对这种类型的领导者必须积极地建立自信心。

6. 授权要充分

有些领导者虽然把权力转交给下属，但往往会增加许多限制，这主要是因为没有充分信任下属，没有信任的授权，其实也就失去了激励的作用。所以，在授权的时候，一定要充分。

总之，我们可以知道，要想激励员工，授权是最好的方式，但也别忘记了，只有恰当地授权，才能发挥出最大的激励作用。

正确的批评是由错到对的转化剂

错误的批评，只会让员工日益逆反。

这个世界上没有完美的人，也就不可能有不会犯错误的员工。优秀的领导者在面对员工的错误的时候，往往都会不伤感情地指出员工的错误，让员工感觉到尊重，正因为如此，员工才会心服口服地积极改正错误。可见，在面对员工的错误的时候，批评的方式很重要。

小丽是一名非常有能力的平面设计员，在不到一年的时间里，小丽就从一名普通的助手成为了有名的设计师，堪称公司的骨干力量。但是，不知为何，周三的时候小丽回来得特别早，看上去非常不开心。她的好朋友涓涓见到她这样就问她怎么了。

面对涓涓的关心，小丽非常气愤地说："我辞职了，你说我在这个公司也有一年了，我虽不敢说自己的能力有多强，但我也可以说自己兢兢业业，对工作很负责。但是，我们经理却因为我这次没有把包装封面做好，就对我劈头盖脸一顿批评，真是太可恶了。"

“有些领导对员工都是这样，忍一忍就过去了，你也不用辞职啊?”涓涓劝解道。

“你不知道，他很过分的，他说我不负责任，说我以后肯定不是一个好妻子、好母亲，真是莫名其妙，让我再待在那里，我会疯掉的。确实，我承认我错了，但他可以提醒我，我可以改啊，他的这种态度让我不能够接受。”小丽更加气恼地说。

就这样，小丽离开了那家公司，对于小丽，没有太大的损失，但对于那家公司来讲，他们却失去了一名优秀的员工，失去了一位公司的骨干力量。

小丽之所以会离开那家公司，是因为公司的领导在面对员工的错误时没有正确地面对，而是一通批评，甚至侮辱别人的人格。公司领导的这种做法是很不明智的，他或许以为优秀的员工就是骂出来的，错误也是被骂走的。但他的骂不仅没有将错误骂跑，没有弥补错误带来的损失，而且还使自己失去了一名事业上的得力助手。

要知道，每个人都有犯错的时候，公司的员工自然也不例外。但是，作为公司的领导，当你的员工犯错误的时候，你又是怎样解决的呢？是劈头盖脸一顿骂，还是利用赞美激励的方式，让员工认识到自己的错误并加以改正？其实，不管你用什么方式来面对员工犯下的错误，归根结底只是为了一个目的，那就是希望他下次不要再犯同样的错误。

那么，在面对员工的错误时，你是否想过到底是什么原因导致他犯错，而你又该以什么样的方式去解决这样的问题。结果证明，一味地责备员工只会使员工在工作中失去信心，做事缩手缩脚，最后还是不能把事情做好。所以说，作为企业的领导，你一定要明白，员工在工作中犯错实属自然，在面对他们犯下的错误时，你一定要正确且理智地面对，而不是失去理智地抹杀员工工作的积极性。只有这样，你的员工才能够从自己的失误中总结经验，不断地汲取教训，将自己打造成公司的优秀员工。

王华是一家印刷厂的厂长，有一天，他收到一批印刷质量非常差的产品，面对这些报废的产品，王华非常生气。但是转念一想，公司从来没有发生过这样的事情，这次怎么会出现这样的失误呢？于是，王华长舒一口气，将自己的怒火压了压，便深入生产车间去查明这到底是谁的“著作”。

最后，王华得知，原来这是一名刚来的员工做的。这名员工刚上班不久，对一些基本的流程只是略知一二，再加上每天有固定的任务要做，他怕完不成任务，于是慌慌张张地只注意完成的数量，忽视了产品的质量。据说车间主任一大早就因此把这名新来的员工叫到办公室，对其严厉地训斥了一顿，说他工作不负责任、做事不认真，这批产品就那样毁了，对公司会造成很大的损失，并叫其以后好好干，用点心，别再出现这样的问题了。

当王华知道这件事情后，他也希望那个员工意识到质量的重要性，但他没有采取车间主任的那种方式。

当王华找到那名新来的员工时，他看到那名员工无精打采地站在机器旁，两只手生硬地在机器旁挥舞，脸上没有笑容。王华知道他肯定是因为车间主任的训斥才导致这样的，对工作失去了信心，没有了以往的积极性。

看到这里，王华走向前去：“小伙子，新来的吧，我看了你昨天工作的成果。”当那名员工听了王华的这句话，赶紧低下了头：“对不起，我……是我不对。”王华见状立即笑脸相迎：“小伙子，我感觉你昨天印刷得还不错，而且任务也按时完成了，看来你是干劲十足啊。我在想，如果咱们厂里的每个员工都像你这样积极就好了，我只希望你继续努力，好好干，相信不久你就会有所成就。”

听了王华的话，那名员工脸上的愁云终于消失了，灿烂的笑容在他的脸上写满了自信。从那以后，那个年轻人无论做什么事都非常认真，再没有出现过那些问题，并且一心一意、死心塌地地为企业工作。

其实，车间主任和王华的目的都是一样的，想让年轻人意识到自己的错误并改正，但两人采取的方式不同，最终得到的结果也不同。如果王华也像车间主任一样，不能够正确地面对员工的错误，不注意批评的方式，这样一来，就定会导致员工的自信心和自尊心受到很大的打击，能不能把以后的工作做好就不敢保证了。

作为一名领导，你应该明白，优秀的员工不是骂出来的，而是正确地“批评”出来的，要知道“话有三说，巧说为妙”。一味地批评，一味地恶语相击，只会让员工失去信心，这么做，根本不可能把问题解决掉。

“领导”一词是由“带领”和“指导”组成的，意思就是，领导者既要带领下属完成工作任务，又要指导下属如何干好工作。而这如何干好工作，就要讲究技巧了，因为在工作当中，下属免不了要犯错误，这个时候，你的目的就是要让员工更快地完成工作，那么就需要用“激励”的方式让员工自己认识到错误，而不是抓住员工的错误不放。

积极的赞美是员工优秀的催化剂

积极的赞美不嫌多，只嫌少。

每个人都希望得到别人的赞美。当你得到别人赞美的时候，内心就会出现一股强大的力量，会将你多日来的付出和劳累全部消除；会让你感觉自己所有的付出都是值得的。领导者一定要明白，不管员工把你交给他的任务做得如何，你都要尽量地激励他、鼓励他，给予他信心，只有这样，员工才能变得更加优秀。

韩晓梅性格内向，做事非常细心。由于家境不是太好，所以高中毕业后就进入了一家十字绣加工厂上班。由于她做事非常认真，凡是由她制作出来的产品，很少有人能挑出毛病。

起初她刚进入工厂的时候，很多人都感觉她不过是个黄毛丫头，不会形成多大的气候。但时隔不久，韩晓梅的能力以及成绩就展现出来了，让领导以及很多人都刮目相看。

有一次，生产二组负责的产品出现了一点问题，如果这些问题不处理好的话，那么这些产品就将报废。面对这些即将报废的产品，领导突然灵机一动，找到韩晓梅，希望她能将那些错误明显的地方用针线掩盖一下。

韩晓梅接到这样艰巨的任务自然是不敢粗心大意，于是在接下来的十几天，韩晓梅一直在研究那些有毛病的产品，最后终于成功地完成了任务。对此工厂领导非常高兴，生产二组的员工更是把韩晓梅当成救命恩人一样来对待。

就在韩晓梅为自己的成就高兴的时候，部门领导却找她谈话了："晓梅啊，你知道吗？工作中最忌讳的就是骄傲，人啊，不能够因为自己的一点小成就就高兴得找不到北了。你呢，再继续努力吧，这件事情以后就不许再提了。"

其实，韩晓梅并不骄傲，只想得到领导的赞美，可是部门领导觉得她还是一个小孩子，不仅没有鼓励她，还批评了她过于骄傲。从那以后，韩晓梅就想，既然自己的努力得不到别人的认可，就根本没有必要卖力地工作。所以，韩晓梅再也不像以前那样拼命地工作，只要把自己应该完成的任务完成，她就什么都不管了。领导看到她变成这样，只能摇摇头说，要想得到一个好的员工，难啊。

从韩晓梅的故事中，我们就可以看出，要想让员工变得优秀，要适当给予他们赞美。

有些领导者总是吝啬对员工的赞美，他们与韩晓梅的领导一样，认为赞美员工，员工就会骄傲自大，却从来不想想，你不赞美员工，你不认可他们所付出的一切，员工们就会觉得努力与不努力没有任何区别，这难道不是在打击员工的积极性吗?

所以，作为企业的领导，一定不要吝啬你的赞美。要想让员工将工作做得更出色，你就必须明白赞美员工的重要性。

小华是一家服装厂的经理，而他自己在这家服装厂工作才短短两年的时间，很多人都对小华获得这么大的成就感到不解。但是小华明白，他今天的成就与公司的王总监是分不开的，是王总监给了他前进的动力，他才取得了今天的成就。

有一次，公司赶着制作一批产品，公司所有的员工都在加班加点，小华也不例外。但是在坚持了3天后，小华就想，反正还有其他员工呢，他不想这样拼命地工作了，于是，没事就找借口上厕所，一去就是半个小时。最后王总监（当时只是部门领导）发现了小华的举动，但他没有多说什么。直到这批货品安全生产完毕后，王总监把所有的员工召集在一起，说了一番激励人心的话："大家辛苦了，非常感谢大家能够这么拼命地工作，才使公司渡过了这次危机，你们的付出领导是看得见的，这个月每人加薪500元。"听到加薪，很多人都高兴地跳起来了，不仅没有因为多日的劳累而情绪减退，反而更加兴奋高涨。

最后王总监又说："我要特别表扬一个人，那就是小华，在生产期间，他肚子不舒服，还一直坚持站在生产线上，这样的精神值得我们每个人学习。"这时候，小华惭愧地低下了头。

从那以后，小华再也没有过偷懒的想法，工作更加积极，在不到两年的时间就晋升到经理的位置。这时候的他，在面对一些问题的时候，总是先认可下属的成绩和付出，最后才会针对问题想办法来解决，而这一切都是从王总监身上学来的。

面对小华的行为，领导并没有直接针对小华说事，而是采取了另外一种赞美的方法，让小华自己去发现自己的不对，并加以改正。王总监的做法不仅培养出了一名优秀的员工，还为公司锻炼出了一个像自己一样睿智的优秀领导。

所以，作为企业的领导，我们必须明白，培养优秀的员工是需要方式和方法的。人人都有自尊心，人人都爱面子，人人都希望自己能够得到别人的认可和赞美。如果企业和公司的领导能够抓住这一点，并且适当地赞美一下自己的员工，相信员工的积极性也会由此而增加，这时，公司的领导也就不用担心员工们会缺乏敬业精神了。

及时的肯定是最有意义的鼓励

优秀的领导者都会及时慷慨地给予员工必要的表扬和评价。

现在，很多领导都懂得赞美员工能起到良好的激励作用，所以他们不会吝啬对优秀的员工进行赞美，可是不能忘了，激励不是“一锤子买卖”。它跟商品一样，也会过期的。所以，为了让员工把工作的激情延续下去，还需要领导对员工的工作进行及时的肯定。

日本有一家叫作KJ的公司，专门生产精密仪器设备等高技术产品。在创业初期，碰到了久久不能解决的技术难题，如果这样下去，公司就将面临倒闭。

一天晚上，一位工程师急急忙忙地闯进了总裁办公室。总裁正在为那个技术问题而大伤脑筋，他看到了突然闯进来的工程师，还以为出了什么大事呢。却没想到，这个工程师告诉他，找到了一个解决技术问题的办法。听完工程师的阐述后，总裁豁然开朗、喜出望外，便想立即给予嘉奖。但他在抽屉中找了半天，只找到了早上上班时老婆塞给他的一只香蕉。

这时，他也顾不上多想，激动地把这只香蕉恭敬地送给了工程师，并说："这个给你！"工程师为此很受感动，当然不是因为这个特殊的奖品，而是因为自己的努力得到了领导的肯定与赞赏。

无独有偶，美国惠普公司的市场经理，一次为了及时表示酬谢，竟把几袋水果送给一位推销员，鼓励他的优秀表现。

从上面的故事，我们可以清楚地知道，对于员工来说，取得成绩之后，他们最想得到的就是上司对他们的肯定，这就能让他们切实感受到自己的工作表现，感受到上司的肯定与重视，并且这种肯定越及时越好。

有实验表明，领导者及时肯定员工的成绩，会使员工的工作效率提高90%；但不及时地肯定，虽不及及时的效果好，但员工的工作效率仍有75%的提高。

艾伯特在美国的旧金山经营着多家超市，每个月月初的时候他都会和不同分店的经理开会。在开会的时候，他会进行半个小时的讲话，让这些分店经理知道公司对他们的期望以及正在发生的事情。

一年夏天，因为经济衰退，艾伯特的几家超市业绩持续低迷。月底的时候，艾伯特从最近的一期业绩报告中发现，一家超市虽然业绩改善不是很明显，但的的确确已有了进步。于是艾伯特在月初的会议上便极力表扬业绩有进步的超市经理。

艾伯特表扬的话还未说完，下面的每一位经理都显得神采奕奕，充满奋斗的激情。艾伯特的话音刚落，一位经理就主动站起来发言。他告诉艾伯特，他正在超市实行一些新政策，一定会让下个季度的业绩有所改善。

随后，其他的经理也相继表示有决心把业绩提上来，这在以前是从来没有的。以前开会，都是艾伯特一个人在讲话，每个经理安静得像一尊尊雕塑。而今天自己只是对他们的工作成绩进行了小小肯定，他们便主动让问题浮出水面，并想方设法去解决它。这一良好结果是艾伯特始料未及的。

任何一名员工都是希望得到上司的肯定的，并且肯定得越及时，员工的积极性就越高。因为越及时地肯定，就越能让员工感受到自己在公司中所体现的价值。正如著名行为学家赫茨伯格所说的那样："对一些小成就的及时肯定，会激励人们试着取得更大的成就。因此，哪怕员工只是取得一些小成绩，优秀的领导者都会大方并及时地给予正面表扬和评价，以此肯定他们的员工。"

不要抱怨下属身上没有你值得称赞的"闪光点"。如果你没有发现，那一定是你缺乏发现美的眼睛。因为每个人身上都有闪光的地方，一切取决于领导者是否愿意去发现。只要领导者愿意，总能找到这些闪光的地方，然后赞扬它，使员工感觉到自己的重要性。

尼尔森是美国著名的企管顾问，他为企业设计了一套标准的奖励员工的方式，并指出领导在肯定员工工作表现时应该遵守的 5 项原则。

1.不管是书面还是面对面的口头形式，领导者都要及时对员工所作出的成绩进行肯定。

2.抽空与员工谈话，发现员工所遇到的问题。

3.针对员工个人、所在部门及整个公司的表现，给予员工明确的肯定。

4.对表现不佳的员工，不是要他们改进，就是要他们离开。

5.公司、部门或个人成功时，举办庆祝活动，增进员工的团队精神，提升员工的士气。

总之，无论员工取得多小的成绩，领导者也要及时地对他们进行肯定。请记住，你只有及时地肯定员工，才能让他们了解到工作的意义。这件事虽然做起来简单，但效果却是非常显著的。

相信自己是最强大的动力

没有什么比让员工相信自己更有力量。

曾经有人说过这样一句话：“当别人看不起你的时候，你一定要看得起自己；当别人看得起你的时候，你千万别把自己太当回事。”这句话不仅告诉我们，生活中，我们要低调，而且还告诉我们，当别人贬低或看不起我们的时候，我们一定要学会自我激励，给自己找回信心，让自己永远保持前进的动力。

身在职场的朋友更应该明白，面对众多的员工，领导是不可能做到面面俱到的，有时候也会伤到很多人的自尊。这个时候，我们不可以逆来顺受，而是应该相信自己给自己勇气来面对以后的事情。

小霞自小身体残疾，行动非常不方便，小的时候同学们都说她是来她们家讨债的，但小霞却从来没有这样想过，而是在心里下定决心，有一天要证明自己的能力。小霞的父亲看着小霞能够这么坚强地面对现实，心里非常欣慰。

小霞一天天长大了，眼看就要上高中了，可是学校离小霞的家有几十里山路，面对这样的困境，小霞作出了一个决定，不去读书了。之后小霞收拾行装，准备去城里打工挣钱来养家糊口，任凭母亲怎样劝都无济于事。就这样，小霞踏上了自己的打工生涯，年幼的她看着自己的家乡，不知自己以后的人生路会怎样，这时她才真正意识到自己的心灵是多么脆弱。

她独自一人来到了城里，看着满街花枝招展的少男少女，小霞心中顿生自卑之感。她不明白自己和其他人有着相同的年纪，别人可以无忧无虑，为何自己却要承受这么多的苦难。她甚至怀疑自己真的是来讨债的，从小父母为了给自己看病可谓是煞费心血。不过，睡了一觉后，她马上就告诉自己，她并不是一个没用的人，只要努力，一样能获得成就。

于是，她进入了一家服装厂工作，负责给衣服剪毛边，那样她就不需要过多地活动。小霞初次体会到打工的艰辛和快乐。有些员工看到小霞残疾，就讥笑她。虽然她心里很难过，但她时刻激励自己，告诉自己，即使自己不是正常人，也能取得成就。

于是，她就报了一家夜校，学习服装设计，又过了两年，她终于成为一名优秀的服装设计师。

我们的一生中，每一个人都会碰到各种各样的困难，但有困难我们不应该害怕，我们要时刻激励自己去战胜困难，这样才能像小霞一样变得更优秀。

我们一定要懂得自我激励，当别人不认可我们甚至诋毁我们的时候，我们就要发挥自我激励的力量。这种力量可以给你无穷大的动力和勇气，让你继续前行在你的人生旅途上，为你的人生谱写更加美丽的篇章。

亚洲销售女神徐鹤宁，很多人都耳熟能详，她被安东尼罗宾称为“中国的乔·吉拉德”。徐鹤宁今天所获得的成就，一方面得益于自己的老师陈安之，另一方面就得益于自己的自我激励法。

当徐鹤宁在陈安之机构工作的时候，她曾经给自己定下了每个月卖出 500 套安之教材的目标。当她的老师陈安之看到徐鹤宁的目标时，很温婉地说：“鹤宁，你的年轻气盛和老师当年一模一样，但是凡事一定要从实际出发啊，你的目标确定不改了吗？这样的目标连我都不敢设立啊。”鹤宁知道老师的意思，但最终徐鹤宁并没有因为老师的一番话而改变自己的目标。

要知道，每个月卖出 500 套教材对很多员工来说真的是比登天还难，但是徐鹤宁却始终没有放弃过，她一遍遍地告诉自己：“我是徐鹤宁，是独一无二的徐鹤宁，我的身体里流的是第一名的血液，我必须加油。”就是这样疯狂的目标逼迫着徐鹤宁每天起早贪黑，也是自我激励法支撑着不到 23 岁的徐鹤宁艰难地走在自己通往成功的道路上。

为了完成自己设下的大目标，徐鹤宁每天都会给自己设定小目标，如果完不成，她是不允许自己回家休息的。有一次，因为没有完成目标，她垂头丧气地走在马路上，正在她苦思冥想的时候，一辆大奔开了过来，徐鹤宁想都不想，直接冲上去将其拦下。车上的老板以为这位小姑娘遇到了麻烦，于是让其先上车，上车后，徐鹤宁才说明了自己的来意。那位老板就问："那你就不怕我拒绝吗？"这时候徐鹤宁坦然自若地说："我连死都不怕，我还怕你拒绝？"就这样，那位老板冲着徐鹤宁的那股力量买下了一套教材。一个月下来，徐鹤宁完成了自己的目标，这令他的老师敬佩不已。

徐鹤宁之所以能够获得最后的成绩，能够成为亚洲销售女神，除了她选对了一个伯乐之外，主要的原因还在于她一贯用的自我激励法。当别人说她疯了的时候，她心中却有不变的理念，那就是一定要拿第一，最后她在 23 岁的时候就买下了属于自己的敞篷宝马轿车。

由此可见，自我激励法的力量是非常巨大的，如果在工作中，我们学会了使用自我激励法，那么任何的困难都不会把我们打倒。正所谓，兵来将挡，水来土掩，当苦难和别人的诋毁到来的时候，我们同样可以亮出自己的宝剑——自我激励法。尤其在我们的职业生涯中要相信有自我激励的存在，无论我们遇到什么样的问题，我们都可以满怀信心地面对并解决，那么我们离优秀员工也就近在咫尺了。

有时，上司会忽视我们，同事会忽视我们，但我们永远不要忽视自己，我们要时刻给自己打气，告诉自己，我就是最棒的，我一定能完成工作。每天早晨，我们都要自我激励一下，这样，当我们面对困难的时候才会信心倍增。

合理的奖励是最有价值的激励

比起错误拖延无法兑现的表扬，公平公正及时的奖励才有价值。

很多领导都认为，奖励是最简单不过的事情。可是在现实管理中，有些领导者却常常犯这样的错误：奖励没有给予对公司真正作出贡献的员工，却给予了那些看起来最忙又毫无工作成果的人；高薪没有给予那些对公司真正忠诚的员工，反而给予了那些时刻准备离职的人；赞美没有给予为公司节约资源的员工，反而给予了那些将资源耗得精光的人……这些不合理的奖赏，严重地影响了员工的积极性。

奖励，是一种最能激励员工的手段。但是，如果领导不能客观、公正、科学地奖励员工，就会使工作毫无效率、员工毫无工作激情，企业死气沉沉。在对员工进行奖励时一定要合理，很多时候，领导者还要注重方法。否则，奖励不但不会起到激励的效果，反而会打击员工的积极性，使员工的行为背离领导者奖励的初衷。

一天，有一个人在河边钓鱼的时候，看到有条蛇游到了河边，那条蛇的嘴里还衔着一只正在垂死挣扎的青蛙，那个人觉得青蛙非常可怜，于是便把青蛙从蛇的口中救出来放走了。随后，那个人想到那只蛇将要挨饿，就想给它一点儿东西吃。

他看了看，只有酒，于是就滴了几滴酒在蛇的口中。

蛇喝过酒后，高兴地游走了，青蛙也为获救而高兴，那个人则为自己的善举感到快乐。可是他没想到的是，仅仅只过了几分钟，那条蛇又出现在了那个人的眼前，而且这次它嘴里咬着两只青蛙，正等着那个人给它酒的奖赏。

从上面的寓言故事，我们可以看出：你奖励什么样的行为，就会得到更多这样行为的回报。蛇认为钓鱼的人对它捕捉青蛙的行为给了几滴酒的奖励，这就使得蛇意识到它的这种行为是有利可图的。于是，它就变本加厉地实施了这种行为——一次衔了两只青蛙。一样的道理，如果领导者奖励那些对公司没有什么贡献的人，那么就会让员工们认为，既然没有什么贡献，也有奖励，那么还努力工作干吗？

任何人都只会做他们认为有利可图的事。如果你奖励了本不该得到奖励的员工，你就会获得更多这样的员工。可以说，很多员工都知道奖励的重要性，只不过有些领导舍不得物质激励，于是，他们就经常用精神激励员工，比如激励的话、企业的目标等，也许会使员工在某一时段热血沸腾地工作。但是这些精神的激励，必须建立在物质基础上才能长久地发挥作用。因为员工们在热血沸腾过后会逐渐平静，然后会不断权衡自己的利益所在。

所以，作为一个领导者，最重要的任务就是发现员工的真实想法，并将他们的个人利益与企业的目标和需求结合起来，建立明确的价值标准。如果领导者无法建立明确的价值标准，对正确的行为给予相应的奖励，那么，员工的积极性就会受到打击。

有一家服装厂，经常会接到一些紧急的订单而不得不加班。

刚开始的时候，大多数工人都会在午休的时候抽出半个小时来加班，以便能完成一天的额定工作量，又不耽误下班。有的人还会想办法提高效率，提前完成任务，以便换回半天的假期。

刚开始，老板对这些主动加班的员工给予了一些物质奖励。可是随着加班者越来越多，老板就认为，他们牺牲休息的时间来加班是理所当然的。甚至有些员工如果在午休的时候不加班，还会遭到惩罚。而那些提前完成任务的员工不仅得不到奖赏，还要继续加班。

久而久之，员工们再也不愿意付出额外的劳动了，虽然有时被迫加班，但工作效率却大大不如以前。最终，这家原本有很好业绩的公司倒闭了。

奖励不合理，或者没有奖励，都会影响到企业的发展。温州这家服装厂的倒闭就是一个非常典型的例子。如果老板能一如既往地对那些主动加班的员工给予相应的奖励，就会得到自己想要的结果——员工将会大大提高工作效率。可是他却作出了错误的选择，最终导致了失败。

有一家公司为了鼓励销售人员多与顾客联系，制定了这样一个奖惩制度：手机话费每月不满300元的，不予报销；而超过400元的，不但予以全额报销，还有奖励。

领导者制定这一制度，本意是想鼓励员工多与顾客沟通，但结果却不如公司所愿。

因为很多业务员为了达到500元话费，大打私人电话，有的竟然用手机打长途与朋友聊天。这一制度不但没有使业绩增长，反而浪费了公司的资金。

这个事例说明了，如果奖励制度不合理，不仅起不到激励的作用，还会让自己“赔了夫人又折兵”。领导者要想得到自己所预期的奖励效果，就要作出最正确、最合理的奖励行为。

总之，一家企业要向前发展，就必须拥有很多有干劲的员工，这就需要企业的领导要有合理的奖励。在这些合理的奖励下，员工们才会变得更加积极、变得更加出色，最后修炼成为一名优秀的员工。

奖励的目的是为了让优秀的员工受到激励，还要调动起那些没有受到奖赏的员工的工作积极性，所以，在奖赏有成绩的员工的时候，一定要体现在“合理”两个字上。否则，不但起不到激励的作用，还会打击员工们的积极性。

团结互助的集体更能共同进步

你好，我好，大家才能好。

在校期间，因为有了老师和同学的激励，我们发愤图强，圆了自己的大学梦；生活中，因为有了家人和朋友的激励，我们干劲十足，再苦再累也心甘情愿。工作中，我们同样也需要激励，而这种激励来自领导、来自每天相处的同事。我们知道，做任何工作都不可能一帆风顺，遇到困难和打击在所难免。这个时候，如果同事能送上一句鼓励的话，就足以让备受工作折磨的我们不再迷茫，就能让我们看到前方的曙光。

杰克自小性格孤僻，不喜欢和别人说话，当他退学后，母亲为了锻炼杰克的交际能力，于是托关系给杰克找了一家演讲机构。起初杰克不想去那种场合，但是想想自己的未来，确实不能再像从前了，于是就听从母亲的话，去了那家演讲机构。

杰克进行的第一次演讲可以说非常失败，那天，当杰克站在演讲台的时候，他的身体不由得发抖，用他自己的话讲就是心都快跳出来了。但是面对台下的听众，杰克无奈之下用自己很低的声音讲了一个小故事，完毕就匆忙下去了。当杰克下去后，他的同事都不断地嘲笑他："就这样还想成为演说家？就像要出嫁的姑娘一样。"杰克当时非常生气，于是独自一人站在角落喝酒，以解心头不快。

正在杰克满心懊恼地在墙角喝酒的时候，一个女孩，也是他的同事，走到他的身边，很真诚地说："杰克先生，你的声音真好听，我想如果你把声音稍微抬高一点，定会征服很多人情不自禁地为你鼓掌的。"当杰克听到这些话后，心中的烦闷烟消云散了，就是这一番话，让杰克找到了自信。

从那以后，杰克没事就会到处去寻找演讲的机会，虽然起初还是有点儿紧张，但当杰克想起那个女孩对自己说的话时，杰克身上就有一股无穷的力量。就这样，经过反复地锻炼，杰克一点儿都不怕了，他变成了一个善于交际、用语言来赢取鲜花和掌声的演讲师。

从杰克惊人的变化中，我们就可以看出激励对人的重要性，正因为那个女孩一番激励的话语，促使杰克找到了自信，不断地改变自己。如果那个女孩当初像其他同事一样对杰克只是一味地讽刺和嘲笑，杰克肯定就很难获得最后的成就了。

所以说，同事间相处，一定要牢记：不管在任何时候，都要学会激励，因为"你好、我好，大家才能好"。如果同事之间都不懂得相互激励、不懂得相互携手，那么你就很难树立自己的威信，一家企业的凝聚力就会随之削减。

建青是一家广告公司的设计员，由于她平时工作认真踏实，公司的领导也很看好她，她唯一不好的一点就是不自信。

有一次，领导分给她一个任务，让她在10天之内把一个广告的具体策划以及蓝图完成，并且一再强调这个项目的重要性。建青接到任务后自然不敢怠慢，很快就投入到了自己的工作中。

但是，在她工作期间，母亲打来电话，说她不满3岁的孩子发高烧，让她赶紧回家。建青一接到电话，心就乱了，放下手头的工作立马赶回了家，经过3天的治疗，孩子的烧才慢慢退了。建青这时候想到了自己的工作，但是由于她的精力有限，被孩子折腾得实在没有了思路，最后匆匆完成了任务，连她自己都不知道做得怎么样。

当这份蓝图交到领导手中的时候，领导勃然大怒："这么重要的策划，你居然做成这样？这个月的工资是不是不想拿了？你看看，这就是你的成果，给你3天时间，你拿回去重新改。"对于建青来讲，自己从来没有出现过这样的失误，之后一整天她都闷闷不乐。小于是建青的同事，她的忌妒心很强，早就对建青有看法了。这次正好被她逮个正着："哎哟，建青，你怎么这么马虎啊？我搞不懂领导干吗会这么看重你，做事一点不认真，还做设计？"建青听了小于的话，她开始怀疑自己的能力，她一个人躲到厕所"反省"起来，并偷偷流泪，决定不做这个策划了。

建青不做了，领导就把任务交给了小于，小于自然非常开心。但是，因为她的能力有限，在策划过程中遇到了很多的难题，她必须去问建青。但小于讽刺的话语依然在建青的耳边萦绕，她最后拒绝了小于。小于最后没有完成任务，被领导训斥了一番，建青和小于在领导心中的地位也因此下降。对此，小于心里自然有很多的委屈，但她也意识到了自己的错误，不该那样对待建青。

同事之间本就应该多一些激励和鼓舞，而不是一味地打击和讽刺。就像小于一样，她打击、讽刺建青，不仅让建青更加没有自信，最后还伤害到自己，这种做法既不利己，也不利人。如果她当初能够激励建青，鼓励她一定能把工作做好，建青也就不会放弃策划。即使放弃了，由小于接手，建青也会极力帮助小于，而不是拒绝小于的请求。

身在职场，我们一定要明白，激励和鼓舞不仅能够拉近彼此之间的关系，在工作中携手同行，还可以让受挫折和自卑者找回自信，从阴影中尽快摆脱，只有这样，大家才能共同进步。

所以说，工作中，我们在对待同事的时候，赞美和激励是必不可少的。同事之间只有通过不断地赞美和激励才能够促进彼此间的关系，才能够在工作中相互帮助、共同进步，共同将自己打造成一名优秀的员工，作出更加出色的成绩。

同事是我们每天相处时间最长的，也是最能影响我们工作效率的人。如果同事之间能够经常互相激励对方，就一定能大大地提高彼此的工作效率。有些员工总感觉自己得不到别人的肯定，主要原因就是他们总是傻傻地等着别人来赞美他们，却从来不主动去激励别人，所以想要使同事之间互相激励，你首先要做的就是先激励对方。

设定目标的表扬更容易鼓励出成绩

错误的表扬不如不表扬。

对下属们取得的成绩、进步，或者感觉他们某件事做得很好的时候，管理者都会给予表扬和鼓励。

表扬是非常好的管理方法。但是，一味表扬员工也会出现一些麻烦。因为有些员工，经不起夸，受到了赞美就会飘飘然起来。

张涛是一家广告公司的业务骨干，由于他的业绩一直位于公司的榜首，所以，公司的领导很器重他，经常在一些会议上对他进行表扬，刚开始的时候，张涛还能理性地面对领导的表扬，每当领导赞美他的时候，他就说自己还需要更加努力。

可是时间不久，张涛就变了，他觉得自己是最优秀的，于是，对谁都看不上眼，经常还嘲笑那些业绩不是很好的员工，弄得很多员工都不喜欢他。

有一次，张涛去客服部门的时候，由于一个同事迟了点时间，才通知他有一个客户打来的电话，他就把这个员工狠狠地批评了一顿，还说，公司没有他，你们客服部的人都得没饭吃。

……

从张涛的故事，我们可以看出，作为领导，一味地表扬员工也是不可取的。员工们每工作一段时间和努力之后，都需要得到一个评价，这个评价可以帮助他们总结工作得失，并能为下一步的工作指明方向和理清思路。

表扬，不仅代表来自上级的肯定和认可，而且将大大增强下属们的归属感和信心。每个下属都需要表扬和鼓励。

表扬是一种管理方法，管理者应当熟练使用这种方法。笔者发现，很多管理者都使用表扬的方法进行管理，但并不都能正确使用，也只会取得相反的效果，怎么讲呢？

表扬绝对不是夸下属几句这么简单，例如“你做得很好”或者“你干得不错”。这仅仅是完成了表扬的第一步，而最重要的下一步往往被忽略，那就是给予“期望”，也就是表扬之后一定要给予期望。

李孟是一家贸易公司的经理，他的员工本来都不是优秀的，但只要在他的部门工作一段时间，就会变得非常突出。

很多朋友就觉得奇怪，想从他那里得到一些经验和方法。为什么自己员工的能力一直得不到提升呢？有个朋友这样问他。

李孟说，其实很简单，就是表扬对方。朋友一听，就蒙了，因为他也经常表扬员工，可是员工们并没有像他想的那样走向优秀啊。

李孟又说：“你是不是忘记给他们更高的期望呢。”

“期望？”朋友有些不明白，不过朋友想了一会儿，才恍然大悟，原来自己只是一味地想用表扬激励员工，却忘记要给他们一个更高的目标。

给员工一个更高的目标，就是给员工一个期望。期望是表扬的孪生兄弟，有表扬就必须加上期望。有些员工的确取得了某些成绩，但却经不住表扬，被表扬了就容易“飘飘然”；给期望，就表明他们做得并不是最好，还需要继续努力。表扬能够激发员工的斗志和增强他们的信心；而这个时候给予他们期望，给他们更高的挑战目标，是最合适不过的。表扬代表了对阶段成果的总结，而期望则能够为下属指明下一步的行动方向。

下属们期待着上司的表扬，同样也期待着上司的期望。“人们的眼睛都是长在前面的”，大家都是更多地往前看，但下属们或许是由于“只缘身在此山中”，或许是由于自己的经验不足，对自己的未来发展，多数人其实并不清晰；所以，就需要管理者们能够给他们期望，给他们指明未来的发展方向，道路清晰了，他们才可能奔跑起来。

我们需要的是一种好的工作氛围，正是这种好的氛围，可以让身处其中的我们发现工作中的潜在价值。当我们收获表扬之后，需要的不是扬扬得意、骄傲自满，而是把这次表扬当成一次新的起点。一切风雨、一切表扬都会成为过去，我们要做的，就是不要让自己迷失。不要因为自己走得太远，而忘记了当初为何要出发。

人生路漫漫，沿途有太多陌生的风景值得我们流连，但是我们不能因为一些风景的美丽而失去了自己前行的目标。优秀的员工要有坚定不移的信念，不管是表扬还是批评，这些都只是暂时的，我们要做的就是坚定自己的目标不动摇，认真做好自己，只有如此，我们才能在职场中找到属于自己的新天地。

人世间，万事万物都是处在不断变化中的，不管是表扬还是批评，这些都是我们人生中的点缀，这些都会成为历史。未来在我们脚下，优秀的员工总是会把目光放得更长远一些，他们看重的是未来，现在的一切都只是点缀。把握现在，放眼未来，优秀员工的光环才会永远围绕在你的身边，不会消散。

落到实处的激励才是真正的激励

任何不兑现的承诺都是欺骗。

在职场里，我们经常会看到一些领导用一些激励的话来激励员工，可是千万不要忘记了，你的这些话在员工看来，就是你口头上的承诺。

如果员工在你的这种激励的作用下取得你口中的那些成绩，你最好要重视起来，莫让奖励变成忽悠。如果总是说一套做一套，那么以后做的任何激励的工作都很难起到提高调动员工的积极性的作用了。

一天，法国总统德斯坦带着他的宠物犬庞贝在农场里散步，帽子一下子被风给吹掉了。由于风大，转眼就消失得无影无踪。于是，德斯坦就对庞贝说：“宝贝，看你的了，回来我会好好地奖励你的！”

不到一刻钟的时候，庞贝就把帽子找回来了。回到住处，德斯坦总统就从冷藏柜里拿出两块羊肉奖励庞贝。就在它吃完第一块，准备要第二块的时候，电话铃响了。总统在去接电话时，下意识地将另一块羊肉装进自己的口袋里。

接完电话，德斯坦总统就从后门乘车走了。出了农场，他才发现自己闹了笑话，于是掏出那块羊肉，扔给了路边的一群山鹰。

自此，他的宠物犬庞贝落下了一个毛病，一见到德斯坦总统就立起身子，用前爪扒他的口袋。起初，德斯坦总统不知道怎么回事，直到3个月以后又带它到农场里散步，才想起原来是自己的承诺没有完全兑现。

德斯坦总统找出原因之后，有意在口袋里装了一块羊肉。后来，自庞贝吃了那块羊肉后，再也没有扒过他的口袋。

信守承诺，有诺必行。许下的承诺一定要兑现，千万不要心存侥幸，认为诺言会悄悄地溜走。请记住，普天之下，没有一个人会愉快地忘掉别人的诺言，哪怕是一只狗。

香港企业巨子李嘉诚对承诺十分重视，他说："对于自己说出的每一句话、作出的每一个承诺，一定要牢牢记在心里，并且要能够做到。"

英国政治家福克斯以其言而有信著称。他的父亲是一位正统的英国人，曾给小福克斯上了生动的一课，给少年福克斯的心中留下一个不可磨灭的印象。

18世纪，富有的英国绅士都特别爱自己的马，年纪才7岁的福克斯看到父亲的马，他也想有一匹，父亲看到他这么想要，就告诉他，只要能在学校里取得前三名，他就能拥有一匹自己的马。

当福克斯在学校里获得第三名以后，父亲却有点不想帮他买，毕竟他年纪还小。可是小福克斯却不乐意地对父亲说："您说话不算数！"

父亲听后大为震惊，严肃地说："孩子，你说得对，我错了，我就改。言而有信比财富更重要。"随即父亲就给他买了一匹马。

看吧，连7岁的小孩都知道，激励不能靠忽悠，而是要真正地拿来。在企业里，如果管理者因为激励你，而对你作出了承诺，但由于情况发生变化，以致无法兑现，此时，最好的解决办法是向下属道歉，并坦诚地告诉下属不能兑现的缘由，以求得下属的谅解。

当你告诉别人，只要怎么样，就能怎么样的时候，你就一定要记住，你是在给别人许下承诺。所以，当别人真的达到了你的要求，你一定要努力兑现你的诺言，反之，无论出于什么原因，都是你的不对。

有一家外贸公司年轻的地区市场负责人王先生，很想将分公司销售难的问题解决掉。

于是，他就告诉员工，只要将每个月的业绩提高10%，就会按照员工的业绩给员工发送一定比例的奖金。

为了得到奖金，很多员工都加班加点地工作，连续几个月都把公司的业绩提升到了10%以上，刚开始的时候，王先生还真的像他说的那样，给员工发送奖金，可是这种现象只维持了短短的两个月，两个月后，他就以各种理由扣掉了他许诺的那部分奖金。

对此，员工们的情绪很大，有的人还觉得王先生是说空话，有的员工干脆因为王先生不能兑现承诺，就消极地对待工作，使得分公司的业绩呈直线下降趋势。最后当王先生真正想拿金钱激励员工的时候，却没有一个员工愿意相信他，就这样，分公司的业绩也一直提不上去，不到半年，王先生因为没有完成总公司规定完成的任务被降职了。

很多时候，当领导以为口头上用金钱激励下属很容易实现，而不详加考虑各种情况。事后，由于情况变化，或本身判断错误，以致发生执行上的困难而失信于下属，其实很多原因，也许不是领导不想给员工们加薪、提高福利待遇，只是这些领导在用金钱激励员工的时候，却忘记了自己根本就没那么大的权力。

因此，在想用金钱激励员工的时候，领导们一定要掂量掂量自己能否兑现承诺，不要让员工感觉，你只是一直用“胡萝卜”去“引诱”他们。赞美的话是可以多说的，但与金钱有关的话，最好要先思考之后再表达出来。现实生活中，一些领导者将许愿当成了家常便饭，却很少兑现，这样就会给下属留下恶劣印象。试想在你头脑兴奋的状态下，许下了一个令人振奋的诺言：如果超额完成任务，大家月底将能够拿到40%的分红。这是怎样的一则喜讯啊。接下来，员工将你的许诺化为精神动力投入到辛勤工作之中。最终的结果是：那只是一个玩笑。可以想象，这种伤害对人的打击有多大。

事实上，凡是那些喜欢用空头支票激励员工的领导者，很容易带来的一个恶果就是众叛亲离。

第3堂课

完善的制度 锻炼优秀的员工

完善的管理制度是每家企业都不可缺少的，用合理的制度约束员工行为的同时，也可以用优秀的管理锻炼出优秀的员工。制度本身也是一种培养方法。

有约束的民主才是真正的民主

大行不顾细谨，有民主也要有约束。

俗话说：“没有规矩，无以成方圆。”如果一家企业没有一定的制度来限制员工的行为，那么，员工就可能不服从管理，导致的后果无人可以担负，最后，就只有让领导来承担了。

人们常说，国不可一日无君，家不可一日无主，无论大到国家，还是小到家庭，都必须有一只“领头羊”，这只领头羊所起到的作用就是为国和家制定一些必要的“规矩”，对于一个企业来讲也是如此，领导是非常重要的，一方面他要制定公司的制度，让员工的行为得到一定的限制；另一方面他还要负责监督员工，以免他们触犯规定。

现在很多的企业在提拔重要人才的时候都会问一个问题：上任后第一件事做什么？那些真正有眼光的人往往都会给出同样的答案：完善制度管理，加强制度建设。由此，我们就可以看出制度建设在企业管理中的重要性。一个企业要想规范管理、高效运作，就必须制定既完善又可持续优化的有机制度。这样一来，企业才能够持续发展，员工才能够有规可循，只有在这样的环境下，公司与企业才能培养更多的优秀员工。

立国经过了5年的艰辛历程，终于办起了自己的公司。之前，立国一直在一家广告公司上班，那家公司运营良好，在发展的过程中基本上没出现过什么大的问题。由于立国在校期间就有自己当老板的梦想，所以在职期间，他非常关注公司的运营。立国凭借自己的能力很快做到了设计师的级别，而且成为了设计部门的负责人。这个时候，立国渐渐明白了一个道理，公司之所以能够如此良好地运营，完全得益于公司完善的制度。

立国现在有了自己的公司，实现了自己的梦想，但立国明白，要想让自己的公司持续发展，在商业之林迅速发展、立于不败之地，就必须重视公司最基本的工作——建设制度。所以，在公司还没有正式剪彩的时候，立国就已经制定了一套最基本的员工手册以及公司的宏观调控规章，之后才进入了招聘员工阶段。

小丽是立国公司新来的员工，她性格外向，做任何事都是模棱两可。刚刚上班的时候，有关人员将公司一些基本的规定告诉给她。但是一向做事有点草率的小丽总是想：这家公司刚刚成立，能有什么制度，不过是经理口述的罢了，再说我是新来的，他能把我怎么样？工作中，小丽总是没事就听音乐、跳炫舞，把整个办公室搞得嘈杂不已。起初的时候，小丽的组长给她点明了不可以这样做，但是小丽一直都感觉无所谓，认为别人奈何不了她。

直到有一天，立国把小丽叫到了办公室："小丽，你可以离开了，你的试用期已经结束了。"听到这句话，小丽深感莫名："为什么啊？我不是做得好好的吗？""在办公室听音乐、跳炫舞，这叫做得好吗？"立国很平静地说。小丽这才明白到底是怎么回事，不过她还是非常固执："那公司也没规定不可以做哪些啊？干吗辞退我？"面对小丽的无理取闹，立国什么都没有说，从抽屉里拿出了员工工作手册，递给小丽，这时小丽终于意识到问题的严重性，垂头丧气地收拾自己的东西离开了。从那以后，再也没有人轻视公司的制度，立国的做法不仅捍卫了公司的制度，而且做到了警戒他人。

很多人到一家刚刚成立的公司上班都会有这样一种心理："新公司的制度不完善，甚至没有制定相应的制度。"所以，他们在工作的时候放纵自己、随心所欲。就像小丽一样，但她始终想不到立国在创建公司之前早就考虑到了这一点，最后小丽的放纵换来的就是被"炒鱿鱼"。对于立国来讲，他也进一步意识到建设制度在公司运营中的重要性。

如果一家公司没有相应的、可持续发展的制度，员工就可能轻视公司、轻视自己的工作、轻视自己的领导，这样的员工又怎么能够成为优秀的员工呢？

李化没有太高的学历，对于一些管理知识知之甚少，但他依然开了一家房产公司，公司规模不大，只有5名员工，主要负责房屋租赁。李化虽然有抱负开了一家公司，但是他却没有意识到建设制度在开办企业中的重要性。

公司运营了将近3个月的时间，李化始终没有制定相应的制度，时间一长，员工们开始投机取巧，在与客户谈租赁价格的时候，故意将价格抬高。业务成功的话，员工就可以从中将高出的部分纳为己有，对此李化始终没有察觉。

一个月过去了，很多客户都发现实际租赁的价格要比他们电脑上发出的帖子上显示的价格高。很多有实力的客户直接以欺诈罪将李化的公司告上了法庭，最后李化败诉，公司被查封。这时候，李化才真正意识到自己的失误，就是因为没有相关制度对员工的行为进行束缚，最后才导致他们恣意妄为，导致自己的成果化为乌有。

李化的悲惨结局告诉我们，不管对于什么样的公司来讲，制度的制定和完善是非常重要的，有了制度，公司才可能正常运营、高效运作。李化就是因为没有意识到制度在公司运营中举足轻重的作用，所以才忽视了这一点，最后导致自己赔了夫人又折兵。

作为企业的领导，我们必须明白自身是企业的领头羊，在上任后的第一件事情就是制定相应的制度，或者完善已有的制度。因为好员工只有在好“规矩”的培养下才能够诞生，好“规矩”只有在好领导的呵护下才能精益求精。

公司里不能没有制度，因为没有制度的企业，员工就像一盘散沙，这样的企业又怎么有凝聚力呢？有的企业，虽然有制度，但制度不明确，让员工总是违反，这样的企业一样是没有凝聚力的。

合理是最基本的原则

制度不合理就是一张废纸。

合理的制度对企业有着推进的作用，不合理的制度对企业有着或大或小的危害作用。

所以，在企业制度建设中，如何避免制度的不合理，是每个企业管理者最重视的问题。

制度的合理与否，最终的导向就是结局的不同，有这么一个小故事，把合理制度和不合理制度的作用说得一目了然。

某个地方，出现了灾荒。有一个小屋里住着7个人，每天只能靠分食一桶粥维持生活。由于粮食匮乏，一桶粥根本不够这7人果腹，更不用说饱餐了。

所以，如何分粥成为了大家共同面对的棘手问题。每个人都想能多分一点，每个人都担心自己少分了粥，于是各种矛盾就产生了，他们总为如何分粥而争吵不休。

开始，他们按照抓阄决定由谁来分粥，也就是说，谁的运气好，抓到了阄，那么他就可以给自己多分一点。虽然概率上说这样很公平。可是一周下来，有的人一次阄都没抓到，而有的人运气好，一周就抓到了3次，这样，抓不到阄的人就不愿意了，要求重新想办法分粥。

经过讨论后，他们又想出了办法，那就是选出一个道德高尚的人来分粥。刚开始，这个人分得基本平均，大家都很满意，可是时间久了，有人想多分到一点粥，就私下巴结他，他装作无意多给那人分一些，有人看出了苗头，也开始想尽办法去讨好对方，最终导致不满和抗议，他们又开始争吵不休，弄得乌烟瘴气、混乱不堪。

这时，他们不得不又想了一个办法，组成3人的分粥小组和4人的监督小组，结果，大家相互攻击、推诿扯皮，弄到粥早已凉透了，大家的肚子饿得咕咕叫，粥还没有分下去。

既然这个办法不行，那就只好想其他的办法，商量来，商量去，最后他们决定轮流分粥，但有个规定就是，分粥的人要等别人挑选完后，要最后剩下的一份。

这样一来，分粥的那个人为了不让自己吃得最少，只好努力把粥分匀，就算有点差别，也不会少多少，也就不会太在意了。这个办法很好，每一个人都感觉到很公平，大家又开开心心过日子了，气氛也慢慢融洽了起来。

从上面的这个故事，我们可以看出，在一个组织里，如果制度不合理，就会产生这样或那样的矛盾和问题。也就是说，只有合理的制度才能赢得大家的充分认可和积极主动的服从，使这一制度很好地贯彻了下来，并推动团队走向了快乐生活，员工们才能真正地把精力投入到工作中。

很多企业已经通过事实证明了不合理的制度具有以下几种危害。

1.领错路。倘若一家企业经营制度不合理，会导致方向上以及决策上出现错误，那么企业就会在经营中走入歧途，最后导致企业经营失败。倘若是管理制度不合理，就会造成管理混乱，进而影响整个企业的工作。

2.影响员工情绪。员工的情绪一旦被影响，就会让员工失去工作的积极性，最后导致的结果就是情绪低落、牢骚抱怨，对工作产生抵触情绪，进而应付了事，甚至罢工抗议，在这样的环境下，员工的能力自然得不到提升。

3.削弱员工的服从意识。员工们没有服从意识，就会各自为政，成为乌合之众，这样企业又何谈战斗力?

从上面三点，我们就可以看出，制度不合理之害，不是小痛小痒之害，而是病入膏肓之害。所以，清理不合理的制度，建立完善、科学的制度，是确保企业正常发展、长久发展的必经之路。

索尼公司原董事长盛田昭夫任职期间，经常去员工餐厅吃饭，这样可以借着一起就餐的机会，了解员工们的一些工作状况，进而增进与他们良好的关系，培养与员工的合作意识，对这一习惯一直保持到他卸任退休。

一天晚上，他像往常一样走进餐厅，他看到一位年轻的员工只顾着闷头吃饭，情绪低落，于是就走了过去，那位年轻人并没看到董事长是怎么走进来的。

盛田昭夫主动跟他打了招呼，并要了几杯酒，两人开始边喝边聊了起来。年轻人喝了几杯酒后，就把压在心里很久的话说了出来。

他情绪有些愤愤地说：“我是东京大学的毕业生，我一直认为，能进入索尼工作是我一生的梦想，为此，我放弃了一份待遇优厚的工作。但是真正进入索尼我才发现，我不是在为索尼工作，而是在为我的科长工作。”

他喝了口酒继续说道：“坦率地说，我的这位科长没有能力，还小肚鸡肠、嫉贤妒能。更令人感到可悲的是，他不喜欢别人对他的工作提出任何建议，如果我们对工作有些自己的看法，他不仅不给予肯定和支持，还会否定，连个起码的解释都不给，有时，还会加上一番讽刺挖苦，说我有野心，癞蛤蟆想吃天鹅肉。”

年轻的员工越说越激动，嗓门也提高了很多，“现在在我看来，这名不堪的科长就是索尼！他令我心灰意冷、十分泄气。难道这就是我心目中最伟大的索尼？我居然傻到放弃了优厚的工作来到这种鬼地方！”

听了这个年轻人这番激愤的话，盛田昭夫陷入了沉思，他深刻地认识到，类似的问题在企业内部员工中肯定不少，作为公司最高管理者，理应关心他们的处境，了解他们的苦恼和思想，要为他们创造进步的机会和条件。

于是，一个彻底改革公司人事制度的想法在他的脑海中形成了。不久，索尼陆续出台了一系列的人事制度改革方案和措施。每周还会在公司的内部报纸上刊登各机构和部门的“求人广告”，员工可以自由地前去求职应聘，其上司主管无权干涉和阻止。

每隔两年，企业会给员工进行一次工作调换，让那些优秀的人才在新的岗位里作出更大的贡献。

这是一次大胆的尝试，真正推动了企业内部的人才流动，通过这种企业内部跳槽式的人才流动，让很多员工在企业里找到了自己的位置，真正做到了让合适的人做合适的事情。

很多企业都像索尼一样，或多或少存在一些不合理制度。重视制度建设的企业，往往会随时进行修改补充，改正不合理的部分，使之趋向完善合理。而有些企业却不把这当一回事，认为小毛病损坏不了大章程，殊不知根据蝴蝶效应，任何一点不合理制度，如果不及时修正，久而久之就会非常有可能导致整个组织机构的崩溃。

合理的制度可以根据企业所处的环境和行业特点，对可能发生的问题进行预测，进而让企业主制定相应的防范措施，提出解决问题的办法和程序，由此来确保企业的经营效率和团队的执行力。不合理的制度，能够轻易地破坏掉员工对企业的忠诚，使员工们的精神涣散，导致团队执行力衰竭，无法达成企业的发展目标。

合理的制度，能把平庸的员工修炼成优秀的员工，更能把优秀的员工修炼成杰出的员工。不合理的制度，只会导致优秀的员工原地踏步，甚至倒退；平庸的员工也不可能在这样的环境下，让自己变得优秀。

奖惩分明是最不可或缺的规定

只奖不罚，只罚不奖，都是错误的极端。

赏罚分明是制度中最重要的一条，只有实施好了这一条，才会增强企业团队的竞争力，才能凝聚人心，使企业得到有序的长足发展。因为，一家企业只有做到赏罚分明，优秀的员工才会因为得到鼓励而变得更加优秀；平庸的员工也能找到自己不足的地方进行完善，而使自己变得不再平庸。

美国心理学家亚当斯在研究分析人的积极性与分配方法的关系时指出：“工资、报酬的合理性和公平性对人们工作的积极性有较大的影响。”这就说明，“赏罚分明”能使下属心服口服，进而让他们有较强的进取心，顺利完成任务。

张肖天最近很烦恼，因为他的公司里，大部分的骨干纷纷辞职不干了，这无疑是抽掉了公司的顶梁柱，他感觉公司一下子塌了半边天。

他觉得很奇怪，这些骨干当初都是跟他一起流血流汗、努力打拼、立下许多汗马功劳的，怎么都非要辞职呢？他心里有很多疑问，于是，他私底下到处打听这些骨干辞职的原因，发现他们既非为外界高额利益诱惑，跳槽到其他企业另谋高就；也没有另起炉灶，与自己分庭抗礼。

那么，到底是什么原因导致他们心生去意呢？他百思不得其解。后来，他找到一位骨干的好朋友，与其深入交谈才弄清楚，原来是在奖罚制度上出了问题，没有做到赏罚分明。

刚创业的时候，条件艰苦，困难重重，大家齐心协力，一起艰苦奋斗，都没有感觉到什么不公平。后来产品研制成功，经营有了起色，大家能赚多少就拿多少报酬，也没人心生怨言。等到公司真正发展壮大了，问题就出现了。

虽然公司为他们提供了舒适的办公环境，允许他们灵活安排自己的作息时间，还为他们购买了地理位置上佳的房子，但却忽略了另一项制度的建设，那就是奖罚制度。因为有些技术骨干为了公司的核心项目，他们不分昼夜，努力攻克了一道又一道难关，为企业的技术创新、产品开发付出了巨大的心血，但得到的报酬却与普通员工差别不大。

实际上，张肖天给每人发的工资都不少，使他们在当地应该属于高薪一族了，但由于公司没有统一的考核标准，无章可循、无法可依，就使得很多技术骨干觉得付出与收入不符，认为没有享受到自己努力推动企业快速发展带来的成果。长此以往，造成了大量骨干的流失。

从张肖天的故事，我们就可以得出，赏罚分明是企业管理当中的重要手段。倘若当初张肖天能制定一套明确的赏罚制度，那些技术骨干就不会离他而去了。

公司企业需要发展，越是需要发展，就越需要合理分配、合理分工，这样，公司企业内部才会形成良好的氛围，才能让员工有一种归属感。赏罚分明是公司企业向前发展的根本保证，如果没有严格的制度，每个人都不需要遵守，员工时刻都能为所欲为的话，公司企业就很难向前发展了。

有赏就有罚，赏罚要分明。这是每一个领导者必须明白的道理，也只有做到这一点，领导者才能引导下属做好事情，使他们走上优秀。

有一家工厂的男浴室里的灯泡坏了，领班通知电工去换，但没有一个人去。

于是，领班不得不吩咐其他员工，还说："谁去换灯泡，奖励100元。"结果，一会儿就有人搬来了梯子，换了灯泡。

厂长知道了这件事情后，特别生气，在一次职工会议上说："上次，换灯泡的那位员工得到的奖金得从集体奖金中扣。"不但如此，厂长还规定，如果谁的任务需要别人的帮助才能完成，就把没完成任务的人的工资扣一小部分给予帮助他的那位员工。

这一招真灵。不仅没有出现灯泡坏了没人换之类的事情，还大大地提高了员工的积极性，工厂的绩效也有了明显的提升。

由此可见，赏罚分明能让员工自动自发地工作，对于任何一家企业来说，这是必要的制度。这样的例子不是少数，不信，请看下面的例子。

日本有一家企业，由于制度执行得不到位，所以，员工的工作质量出现了很大的问题。为了提高员工的工作质量，公司的领导想到了一种被称为"红牌作战"的方法。

这种方法的主要内容就是，如果领导发现哪位员工生产的产品出现了问题，就会在不通知员工的情况下，贴上具有醒目警示作用的"红牌"，并随时返回检查，以便督促其迅速整改，以此保证办公场所、工作车间的清洁干净、整齐有序，营造出一个使人心情舒畅的工作氛围和工作环境。

在一个个“红牌”的积极提醒暗示下，久而久之，人人都怕“红牌”加身，认真服从制度管理，严格要求自已，遵守工作规则，工作态度认真积极，工作质量大大提高，员工也变得越来越优秀。

从上面的这个故事，我们可以看出，奖罚分明是企业管理中的重要手段，也是确保员工服从制度、保证制度严格执行的必要措施。它还告诉了我们，必须对该罚的员工罚，对该奖的员工奖，才能提高员工的能力，培养员工在工作中的自觉性。

执行到位是最终的评价标准

不落实的规定永远都是空喊。

如果我们观察一下一些企业的发展史，我们就会发现，很多企业像街头煎饼摊一样，生命力很强，垂而不死，僵而不灭，一坚持就是十几年甚至几十年，可是始终只是维持在不倒闭、不发展的基准上。还有一些企业虽然能迅速地壮大，跨越式发展，一夜蹿红之后又很快一头栽下去。而有些优秀的老板即使忙得天昏地暗、脚不沾地，可越发展越感觉力不从心或无能为力，只能任由企业惯性滑行、被动前进。为什么会出现这些现象？

其实，最重要的是因为企业制度没有严格地、持久地执行。

在有些企业里，都会出现这样的情况，譬如某些业务骨干、爱将触犯了公司的制度，管理者往往会网开一面或从轻发落，这样的做法就会导致制度不能严格地执行。

很多管理者也意识到这种做法对企业的制度化管理不利，所以往往还会补充叮咛一句“下不为例”。这些不好的习惯，在管理者看来可能是小事一桩，但对员工来讲，制度没有严肃性、真实性就会大打折扣。

20世纪70年代，日本非常有名的职业经理人岸信一雄突然被伊藤洋货行的董事长伊藤雅俊解雇了。这在日本商界引起了不小的震动，很多不知情的人都用尖刻的口吻批评伊藤。

人们都知道，伊藤洋货行之所以能从一家小企业发展壮大，很大程度上都跟岸信一雄有关。所以人们认为伊藤是把岸信一雄的利用价值给榨取干净了，才将三顾茅庐请来的岸信一雄给解雇。

对于人们的这些舆论，伊藤雅俊一点儿也不在意，因为作为一名企业家，他深刻地知道，秩序和纪律是企业的生命，一个企业要想继续向前发展，就不能因一个人而降低整个企业的战斗力。

事情的真相原来是这样的：伊藤洋货行最初是以衣料买卖起家的，后来进入食品行业。但由于公司内部没有食品管理方面的人才，伊藤洋货行的创始人伊藤雅俊看到东食公司的岸信一雄特别优秀，如果有他的加入，企业一定会迅速地向前发展。

所以，伊藤雅俊非常艰难地把岸信一雄从东食公司挖到伊藤洋货行任总经理，事情正如伊藤雅俊想的那样，岸信一雄上任后就重整了公司的食品部门，在短短的10年间使公司的业绩提高了数十倍，对公司可谓功勋卓著。

可是随着公司发展得越来越大，岸信一雄开始居功自傲起来，他对于公司的制度也一律不予遵守，还对公司的改革措施更持敌对态度，所以公司的战略决策一到岸信一雄那里就止步不前了。

岸信一雄不仅暴怒，不再提高工作业绩，还嘲笑那些勤奋敬业的下属，说他们即使再干10年也休想取得像他那样的成功。在他的影响下，公司很多下属都消极地对待工作，整个企业的工作效率呈直线下降。

董事长伊藤雅俊屡次对他进行批评教育，可他不但不改还变本加厉，最终公司不得不选择辞退了他。

从上面的故事中，我们可以看出，制度是公司的底线灵魂。如果有人触及了它，哪怕这个人对公司多么的重要，都必须让他受到惩罚，否则就会毁掉过去辛苦建立的企业体制和组织基础。

从企业的发展大局来看，伊藤的做法是正确的。

三国时期，诸葛亮挥泪斩马谡。其实他完全有权力不杀马谡，可最后马谡还是被斩了。因为作为管理者的诸葛亮非常清醒地认识到，如果自已徇私为马谡网开一面，那军法就会形同儿戏，所造成的后果将更恶劣。公司的制度与诸葛亮的军法一样，必须被不折不扣地执行，公司的制度一旦不被重视，企业就会慢慢地走向失控。这样的企业又怎么能发展壮大？在这样的企业里打工的员工怎么能变得更优秀呢？

《左传》记载了这样一个故事。

吴王阖闾听大臣伍子胥说，孙武是一个能带兵打仗的人才，于是就召见了孙武，与其谈论军事。

孙武说得头头是道，并且还提出一些新的军事见解。吴王心想："现在靠嘴皮子吃饭的人太多了，我得看看他是否有真本事。"于是吴王想出了一个好主意，就是让孙武替他训练宫女。

孙武答应了，然后选出了100个宫女，并且还让吴王的两个宠姬担任队长。

在训练之前，孙武讲得清清楚楚，但正式喊口令时，这些宫女笑作一团，谁也不把他的话当回事。孙武再次讲解了要领，并要两个队长以身作则。但宫女们还是满不在乎，两个当队长的宠姬更是笑弯了腰。

见此情形，孙武严厉地说道："这里是演武场，你们都是军人，我的口令就是军令，不是玩笑。你们既然不听我的命令训练，这就是违反军法，尤其是两个队长带头不听指挥，理当斩首！"说完，便叫武士将两个宠姬杀了。

场上顿时肃静，宫女们谁也没想到会发生这样的事情，吓得谁也不敢出声，当孙武再喊口令时，她们的步调整齐、动作划一，真正成了训练有素的军人。

看到这么快就出现了成绩，孙武派人请吴王来检阅，吴王这时正在为失去两个宠姬而伤心，根本没有心思来看宫女训练，只是派人告诉孙武："先生的带兵本领我已经领教到了，由你指挥的军队一定纪律严明，能打胜仗。"

孙武之所以能把一批柔弱的宫女训练成军人，很重要的一个因素就是，他能在训练和战斗中把纪律不折不扣地执行。同样，一家企业要想使员工富有战斗力，提升他们乃至集团的落实能力，关键的因素就是制度的执行。

只有不折不扣地执行制度，员工们才能克服掉自身的一些陋习，让自己变得更加优秀，进而才能把企业做大。

科学的流程是保证落实的基础

流程是贯彻落实计划的重要手段。

最高效的工作，就是按照制度、依照程序与流程做事。培养优秀员工的方式，也是按照制度、依照程序与流程做事。

流程是制度的实施过程，是对制度的量化及其实施步骤，是实现制度目标的措施保证。一个员工要想最快、最完美地完成工作，就必须按照一定的流程。且流程会让公司的各个部门明确自己的责任，进而使员工们主动、有计划地完成每一件任务。可以说，流程是贯彻落实制度的措施、实现企业战略目标的重要手段。

有这样一个故事，也许会对我们有所启发。

在一个会议中心的墙壁上，准备要挂很多招贴画。

在一般人看来，这是一件非常简单的事，但是负责挂画的人进来后，拿着一把尺子，在挂画的墙上，从上量到下，从左量到右，量完了以后再量一遍，最后才把画挂上，并且画的4个角全都精确地画在那儿，然后再按量好的4个角将画固定住。

挂3幅画，他一共量了两个小时。做这么点小事，他用了这么长时间，结果确实是做活做得细，做出来的活儿质量高。

挂画人就是严格地按照工作流程做事，不像有些人，大致地看一下，然后拿一个钉子来一敲往上挂，就算完事。他是按流程，明确地知道先做哪一步，这是有流程的，是按照顺序做的。

对于员工来说，严格履行工作流程，是顺利完成工作目标的基本要求。

第一，很多员工在接受一件任务的时候，很可能不知道怎么进行，但是只要有了流程，员工们就能快速理清工作思路，使工作顺畅，相关工作信息畅通无阻。

第二，员工们只要有具体的工作准则、工作要领，就能以便于工作沟通，及时发现问题、解决问题，提高工作效率。

第三，能够监控整体工作进展，适时调整工作进度。

第四，便于领导监督检查，对工作成果一目了然。

流程的目的就是让员工清除工作过程中的不良因素，不走弯路，不耽误工夫，实现效率最大化，进而提升自己的能力。所以，严格履行工作流程，不仅是员工完成工作的最有效方式，还是能不断地提升自己能力的最有效的方法。

这个故事，向我们清楚地说明了流程的重要性。正是海尔对流程的重视，才能把企业的制度很好地落实到位，进而大大提升了海尔的执行力和发展速度。

当每个员工都忠实于制度、忠实于流程，企业就会形成一种良好的价值观和企业文化。在这样的企业工作，每个人都能拥有良好的工作心态，与此同时，也会让自己的工作能力迅速地得到提升。

在企业中，每个员工的职能与工作任务都被公司企业分配得清清楚楚，良好的流程规定让他们更明确自己的责任，让他们更快地走向优秀。

所以，科学先进的流程是保证员工工作效率的基础，这也是让员工进一步知道遵守公司制度与章程的重要性，严格按流程要求进行工作，这样才能让员工的能力在企业中迅速地得到提升，为企业的发展作出自己的贡献。

带有人情味是不能忽视的细节

企业得益于人，服务于人，绝不能是冷冰冰的机器。

同样的一道菜，有的人能做出香味扑鼻、吊人胃口的佳肴，有的人却只能做成平淡乏味、有失本色的饭菜。有经验的厨师知道其中的奥妙就是“火候”这两个字。不管是火候不到，还是火候过了，做的菜都不可能会可口。只有火候恰到好处时，才会色香味俱全。做菜如此，制定企业制度也是如此。

有这样一个故事。

某广告公司从创立到如今，已经有5年多了，它如今已经渡过了发展的困难时期，迈进了平稳阶段。

最近公司老板却发现，刚创业的时候，大家的热情非常高，经常自愿加班加点，有的员工甚至因为没有完成工作而几天几夜不回家却毫无怨言。

现在企业做大了，招了一批新员工进来，而且重新制定了详细周密的规章制度，可是员工的积极性反而下降了。不但新来的员工对工资斤斤计较，就连创业的老员工也对公司吹毛求疵，如果要求员工加班加点，他们则怨声载道。

难道是“制度越多，员工越自私”吗？老板很不解。

从上面的故事中，我们可以看出一些公司的领导者在制定规章制度时考虑不周，把规章制度定得过于苛刻，这样不仅起不到管理的效果，反而会适得其反。

企业家一定要明白，员工不能像机器一样按部就班地去工作。过于苛刻的制度会让员工觉得自己不受尊重，工作起来就会感觉压抑。

领导者若不能以德修身、以爱服人，只是制定一些苛刻的制度来把员工当成“工具”来使用，那就大错特错了。苛刻的制度只会打击员工的积极性，导致整个企业的战斗力下降。更何况，随着“人本思想”地位的提高，如今人力资源已越来越被社会所重视，倘若你的制度过于苛刻，员工就会离你而去。

一家本来发展很好的工厂，因为制度的苛刻而倒闭，这就进一步告诉了我们，苛刻的制度只会伤害到员工。我们可以想一下，那些苛刻的制度都是没有一点儿人情味的，员工们一不小心就会触犯，就会遭受惩罚。员工在这样的制度下工作，只会小心谨慎，处处压抑自己，终有一天，绷紧的弦就会到极限，到那时，员工就会压抑不下去了，就只能辞职。因此，企业的管理者一定要明白，要想使企业向前发展，要想让自己的员工优秀，就要清除掉那些公司企业中过于苛刻的规章制度，而这正是公司领导亟待解决的重要事情。

过于宽松的制度没有存在的意义，过于苛刻的制度很难执行，想象一下，有些企业制定恐怖的罚款制度，根本就没有办法落实。更重要的是，苛刻的制度会引起员工的反抗情绪，伤害他们对企业的感情，这样又怎么能让员工的能力得到提升呢？

第 4 堂课

优秀的集体凝聚优秀的员工

优秀的企业需要的不只是一个优秀的人才，而是数十数百数千的人才——也就是要有一个有凝聚力的集体。一个优秀的集体可以凝聚优秀的员工，将个人的成功转化为集体的成功。

凝聚力是企业精神的灵魂

十个指头是拳头，一个指头力量弱。

在如今这个时代，团队精神已经越来越被企业看重。在工作中，那些习惯单打独斗的人已经越来越不受欢迎。

一家企业要想发展，并不能只靠一个人的力量，必须要让企业里的所有人互相合作，这就需要团队精神，可以说，团队精神是企业的灵魂。当然，团队精神也是一名普通的员工走向优秀的必要条件。

安格斯的工作能力非常强，很多时候，他一个人就能做两个人的工作。可是这么强的人，在惠普公司只工作了短短的3个月，就被主管给解雇了。

虽然这是他第一次到大公司工作，可是他以前一直都被那些老板当成宝贝一样，所以，他觉得特别没面子，于是一脚踢开主管的门，对着主管安迪咆哮："你凭什么解聘我？是我的能力有问题吗？可是比我的同事出色多了！"

安迪正想解释，可安格斯又唾沫横飞地喝问："是我没有创新意识吗？我们部门几项重要的创新措施，都是我最先提议的。你眼睛瞎了吗？"怒气冲冲的安格斯两眼喷火，手指着安迪的鼻子恶声恶气地道："听着，你这个混蛋，你这样做，对我很不公平。"

对于安格斯的行为，安迪非常生气，他冷静地回答："请原谅我的坦白，你的能力很强，但遗憾的是你太过于傲慢无礼了，我们公司一直以形象良好、口碑极佳著称。而你，不但在公司内粗鲁、散漫，而且还蛮横无理地对待客户，这是我们坚决不允许的！

“还有，你跟同事们相处得很难，我们的企业虽然很看重员工的工作能力，但同样重视员工的人际关系。”

“可……我没有影响到工作，而且我每次都把工作完成得很好。”安格斯争辩道。

“如果你是在家里，我不会否认你这一点，可你现在是在惠普工作。”安迪耸耸肩，“实在很抱歉，因为你缺乏起码的做人道德，已经对别人的工作造成了严重的影响。而且你也破坏了我们公司的形象，所以我们只能请你另谋高就！”

从上面这个故事中，我们可以看出团队精神是多么的重要，以及领导者对员工团队合作精神的重视。

安格斯被辞退了，这跟他的工作能力没有任何关系，关键是他不懂得合作，还对同事蛮横无理。这样的员工，哪怕是天才，企业也不愿意要的。

美国GE（通用电气公司）连续3年被美国《财富》杂志评为“最为大众推崇的企业”。这个“最受推崇的企业”需要的员工应是什么样的呢？GE（中国）有限公司人力资源总监刘蓉在接受记者采访时说：“我们需要那些在某一些方面有天赋的员工，但我们更需要的是员工们的团队精神。”

微软中国研发中心总经理张湘辉博士也曾经说过：“如果一个人是天才，但其团队精神比较差，这样的人我们不会要。中国IT业有很多年轻聪明的天才，但团队精神不够，所以每个简单的程序都能编得很好，但编大型程序就不行了。美国微软开发WindowsXP时有500名工程师奋斗了两年，有5000万行编码。微软需要协调不同类型、不同性格的人员共同奋斗，缺乏领军型人才、缺乏合作精神是难以成功的。”

的确，一个企业里的员工如果没有团队精神，虽然短时间里它不会倒闭，但从长远来看，这样的企业一定不是个成功的企业，而在这样的企业工作的员工，也都算不上真正优秀的员工。

美国一家大公司要面向社会招聘3名高层管理人员，来参加面试的人有上千名，最后却只有9位优秀的应聘者进入了最后的复试。

复试中，老总亲自把关，他看了9个人的基本资料后，就把9人分成了甲、乙、丙3组，指定甲组的3个人调查妇女用品市场，乙组的3个人去调查本市婴儿用品市场，丙组的3个人调查老年人用品市场。

老总解释说：“我们招聘的人是用来开发市场的，所以，你们必须对市场要有敏锐的观察力。现在让大家调查这些行业，就是想看看你们对这个新行业的适应能力。每一个小组的成员都必须全力以赴，现在我为你们每个人都准备了一份相关的行业资料，你们走的时候到我秘书那里去取。”

两天后，这9个人都把自己的市场分析报告给了老总。

老总看完后，站起身来走向乙组的3个人，分别与之一一握手，并祝贺道：恭喜3位，你们已经被本公司录取了。

大家都很疑惑，老总笑着说：“只要你们把我给你们的资料互相看看，就明白了。”原来，每个人得到的资料都不一样。甲组的3个人得到的分别是本市妇女用品市场过去、现在、将来的分析，其他两组的也类似。

老总继续说：“乙组的3个人很聪明，互相借用了对方的资料，补全了自己的分析报告，既提高了工作效率，又体现了团队精神。而甲、丙两组的6个人却各干各的，没有团队意识，我出这样一个题目，主要就是考察一下你们是不是具有团队精神，因为一个既有能力又有团队精神的员工才是企业需要的员工。”

没有团队精神的企业不可能成功，没有团队意识的员工也不可能受到企业的欢迎。因为企业比个人更明白个人能力的有限和团队力量的强大。

随着企业规模的日益庞大，企业内部的分工也越来越细，这就更加说明了一个人的力量，不可能对企业的大局产生影响。但是只要企业里的每一个人都拥有团队精神，那么这样的力量就是惊人的。

因此，不管是作为企业的管理者，还是作为企业里的一名普通的工作人员，我们都必须不断地增强自己的团队意识，这样才能让自己在职场中立于不败之地。

充分信任是最有力量的凝聚

用人勿疑，疑人勿用。

在这个竞争激烈的时代，彼此信任已经成为公司企业最重视的一条人生法则，能给每一个人带来最文明、最令人满意、最美好的人际关系。在工作中，人际关系的最佳处理方式才是提高彼此工作效率的重要保证。

霍姆林斯基说过：“你对别人信任，就等于你给予了别人力量。”这句话如果放到我们的工作中，就可以毫不夸张地说，人与人之间要想合作，最基本的前提就是信任。如果两个人之间互不信任、互相猜疑，长此以往，就只能导致合作的破裂。

张宝强大学毕业后，没有想到很难找到适合自己专业的工作。迫于生计的压力，他找了一份销售工作，勤勤恳恳地干了大半年后，非但毫无起色，他还在几个大项目上接连失败。

张宝强实在忍受不了这种痛苦，他开始认为自己完全不适合做销售工作，于是他走进了总经理办公室，惭愧地表示自己想辞职的想法。

经理看到了张宝强，只说了一句话："别想那么多，安心工作吧，我相信，你最终会走向成功。到那时，你再要走我绝不留你。"经理的安抚，让他很感动。他觉得，既然上司这样信任自己，那就一定要在这里干出一点成绩来，这样才能对得起经理。于是，他在后来的工作中多了一些冷静和思考。

就这样，一年过去了，张宝强再一次走进了经理的办公室。不过，这一次他是轻松的，脸上还带着自信。这一年里，他有9个月的业绩都位于公司销售排行榜的榜首，成了当之无愧的业务骨干。现在他很想知道，为什么当初经理对他这么一个败军之将继续留用呢？

"因为我比你更不甘心。"经理的回答完全出乎他的预料。经理解释道："你是我从上百人当中挑选出来的，如果我接受你的辞职，我无疑是非常失败的。我深信，既然你能在应聘时得到我的认可，也一定有能力让客户认可你。你缺少的只是机会和时间。"

如果没有经理的信任，张宝强不可能这么快就取得成功。由此可见，信任可以产生效率，越充分地对员工允以信任，越能激发员工的创造力和积极性。

其实，只要我们观察一下那些优秀的企业员工，我们就会发现，企业里不管是领导还是员工，只要他们想把工作做好，他们首先想到和做到的就是彼此之间要相互信任。

美国的一家大公司召开了一次紧急会议，之所以召开这次会议主要是因为公司的一位高级负责人因工作失误，损失了公司1000多万美元的巨款。

在会议上，有的人提议让他离开，有的人提议让他继续工作，但是作为公司的董事长，汉森最后还是选择了让他留下来工作。

一天后，汉森接见了这位高级负责人，并告知他将担任一个新职务，这样的结果大大地出乎他的意料。

他十分惊讶地问："董事长，我犯了这么大的错误，你为何不把我直接开除或者降职？"

"先生，你已经让公司为你付出了1000万美元的'学费'。如果我让你就这样走的话，那1000万美元就白费了，而且我相信，以你的能力，完全可以为公司作出很多贡献。"董事长回答说。

这次谈话不到10分钟，但却给了这位高级负责人深刻的教育和极大的鼓励。他在新的岗位上奋发拼搏，在短短的半年时间里就为公司赚了1000万美元的利润，后来，他以惊人的毅力和智慧，为公司的发展立下了汗马功劳。

成功总是与高度信任联系在一起的，你要想一个团队能发挥出最强大的力量，就需要管理者信任员工。我们可以想象一下，如果一个员工在一家公司里，他的上司及同事对他不信任，总觉得他这也不行，那也不行，那么，他就不可能很好地完成工作，那么他的前途也就注定会是黯然无光的。

信任他人，是一名管理者最容易办到的事情。只要你对你的团队给予了信任，整个团队才会产生强烈的责任感，释放出强大能量，进而让每一名员工变得越来越优秀。

协调合作是最有竞争力的凝聚

独木难成林。

企业中，我们要学会分清主次，分清合作和竞争的区别，不能盲目地树立敌人。我们要知道，公司企业内部是一个集体，更多的时候是团队合作关系，我们只有跟随大家的脚步，不断奔跑，才能看到职场中的新光亮，才能修炼成为优秀员工。

在一望无际的非洲大草原上，狮子妈妈对自己的孩子说，你要想活命，就必须从小开始练习奔跑，这样才能捕捉到足够的羚羊作为食物。

在羚羊还很小的时候，羚羊妈妈就对自己的孩子说，你要想活命，就要像狮子那样从小就练习奔跑，而且还要跑得比狮子更快。

这就是自然界的竞争法则，正是这种没有退路的竞争，让狮子成为了最强壮凶悍的食肉动物，把羚羊造就成了最敏捷善跑的食草动物，这就告诉了我们一个道理，竞争就像一块磨刀石，它能让员工不断地走向优秀。

但是，并不是说现代社会中，竞争是第一位的，很多时候，合作要远比竞争重要得多。

合作，是个人或群体、组织之间为达到某一确定目标，通过彼此的协调作用，获得更大意义或价值的联合行动。合作强调在和谐的气氛中获得共赢；而竞争，往往只是为了胜负或优劣而进行的争斗，关注的是单方面的最终利益。

如果在一家企业里，每一个员工都想成为职场里的最后竞争者，那么每一个员工的心态，就是“事不关己，高高挂起”、“只知索取，不愿奉献”，接下来，他们就会只为了个人竞争而不关心企业的整体利益，不在乎组织的大局，甚至损害别人的利益，这样的竞争对于企业或组织甚至国家的发展和前途是没有任何好处的。

所以，竞争切不可忘了合作，因为只有合作才能把每一个人最大限度的潜能发挥出来，让每一个人都感受到团队的强大、团队的温暖、团队的吸引力，更重要的是，在合作中，我们可以迅速提升自己的能力。

袁政海是一个班组的组长，在他的组里，每个人每时每刻都能感受到一种浓烈的团队意识和归属感，大家都觉得这里有一种特别的温暖。这个班组拥有了很多积极的元素，团结合作、竞争创新、充满朝气的精神，让每一个能在这里工作的人都感到无比自豪。

虽然大家平日里也不忘暗自“较劲”，但只要遇到需要解决的问题时，团队的每一个人都会毫不保留地抛出自己的“锦囊妙计”，没有人会小肚鸡肠地将自己的想法藏着掖着。较劲是个人与个人比，但是解决问题，就是团队和集体的事情。

“遇到问题，合作比竞争更为重要。”这是班长袁政海时刻对自己和班组的成员说的一句话，“每个成员的才智、能力各有千秋，你可能在这方面存在优势，但是他有可能在那方面的优势比你还要明显。只有取长补短，让每个人的能力得到最大限度的发挥，才能够让团队走得更快更稳。”

有不少人把袁政海班组的分享与合作模式比作生产一辆车，这辆汽车要想生产成功，就需要有各种各样的零件，使每个零件的质量都可以得到最好的保证。但是，单个零件永远无法完成汽车的功用，只有把各个零件组装起来，一辆汽车才算完成生产，才能够稳健地飞驰。

竞争是很重要的，但是在一个团队里，更重要的还是合作。

在现代社会，离开合作，单兵作战几乎是不可能的事。所以，现代社会的员工不要一味地想在竞争中取得胜利，如果能在合作当中让整个团队取得胜利，那才是真正的成功。

我们可以很清楚地看到，许多大的工程、大的成果都是合作的结果。火箭、宇宙飞船、城市建设和管理、各种现代化的工具……可以说现代科技的所有成果，无一不是团结合作的结晶，无一不是精诚合作的结果。

所以在企业里，不管是企业的管理者还是一名普通的员工，都要时刻明白一个问题，合作才有成果，合作才能成功，合作才能取得辉煌的成就。有合作就能力大无穷，有合作就能无坚不摧，有合作就能战无不胜，有合作就能创造一切，有合作就能诞生奇迹。合作不仅仅体现在相互协作上，更体现在相互帮助上。其实聪明的员工都懂得，帮助别人就是强大自己，帮助别人就是帮助自己，别人的得到并不意味着你就要失去。

人尽其用是最有效率的凝聚

将价值发挥到最大就是效率。

中国象棋中一共有7种棋子：将（帅）、士、象、车、马、炮和卒。

“将”是棋中的首脑，是对方矛头指向，它能上能下，能左能右，就是不能出九宫之门；“士”是将的贴身保卫者，它只能在“九宫”之内沿着斜线前进或后退一格，不能平移：“象”走田字，它的主要作用是防守，保护自己的将；“车”是威力最大的棋子，只要无棋子阻拦，它就能横冲直撞，故有“一车十子寒”之称；“马”走日，因为它能到达四面八方的8个点，故有“八面威风”之说；“炮”是中国象棋中很独特的一个棋子，它的特点是直线隔子捉吃；卒则是永不后退的棋子。

下象棋的精髓之一在于合理运用这些棋子不同的特点和走法，或进攻、或防守、或按兵不动、或主动出击，进而获取棋战的胜利。联想到我们的企业，每个员工都有着自己的特点。企业的管理者要取每个人的长处，将这些分散的个人力量根据他们的特点进行排列凝聚，最终拧成一股绳，形成一股合力，这样团队才拥有强大的战斗力，这样的团队才能让员工取得更快更长足的进步。

只要去过寺庙的人都知道，一进庙门，就能看到笑脸相迎的弥勒佛，而在他的后面，则是阴沉着脸的韦陀。但相传在很久以前，他们并不是在同一个庙里，而是分别掌管不同的庙。

弥勒佛热情快乐，所以来他庙里的人非常多，但他什么都不在乎，丢三落四，也不爱管理账务，所以入不敷出。而韦陀虽然是一个优秀的管理人才，但由于太过严肃，搞得前来烧香的人越来越少，最后香火断绝。

后来，佛祖在检查香火的时候，发现了这个问题，就把他们两个放在了一个庙里。由弥勒佛在庙门口迎接客人，于是香火大旺。而韦陀铁面无私，则让他管理整个寺庙，就这样，庙里出现了一派欣欣向荣的景象。

从上面的故事，我们可以知道，对于一个优秀的管理者来说，既然公司聘用了员工，那么他们就不可能是废人，之所以这些人没有发挥出真正的作用，那一定是管理者没有发挥出他们的能力。

一位企业家认为，在企业弱小时，需要关羽、张飞这样勇猛善斗的英雄打天下，以谋求强盛之道；对于已具规模的企业来说，再也没有比吸引到一大批优秀的人才更值得高兴的事。而根据企业的发展方向和项目的具体要求，根据人才的年龄、性格和能力结构加以优势互补却不是一件容易的事情。

我们从《三国演义》中得到一些启示，刘备在请到诸葛亮之前，虽然拥有关羽、张飞、赵云等一流的战将，但无立足之地。究其原因，主要是“关、张、赵，皆万人敌，惜无善用之人”，所以说，一个团队需要各个方面的人才，只有用人之长才能发挥每个人的战斗力。最后结果，企业自然会呈现出一派欣欣向荣的景象。

赵星是一家公司的销售主管，由于经常去一家上市公司谈业务，所以认识了在这家公司工作的张宏。张宏是学计算机的，人非常灵活、聪明。他当时是软件工程师，负责软件开发。不过，在他们部门里，张宏只是一名很普通的技术员，由于做技术需要耐住性子，所以他的领导很不喜欢张宏的性格，他自然在部门干得一点都不愉快。

后来，赵星跟张宏几次深入交谈后，发现他对市场很敏感，并且还能提出一些独到的看法。所以，一次，赵星在他们公司谈完业务后，想起自己的部门非常需要销售人员，就找到了张宏，征求他的意见，问他是否愿意到他那里去上班，张宏看着赵星说：我从来没做过销售，你看我行吗？

赵星鼓励他说："我看可以。"

张宏确实不负众望，他工作非常投入，和客户的关系很快融洽，没多久就将西北一个省的系统集成项目搞定，他的工资和奖金都大大提高。后来赵星被调回了总部，张宏凭着自己的努力在短短一年内当上了主管。

一位合格的现代企业领导必须像上面故事中的赵星一样懂得用人之长，这样才能发挥员工在企业中的位置和作用。同样的道理也适用于员工管理自己。要改正自己的缺点，更要把心思花在自己的长处上，只有如此，员工才能找对自己的方向，才能取得最大的成就。

目标统一是最易成功的凝聚

为企业实现目标，总能帮个人实现目标。反之亦然。

古希腊哲学家苏格拉底说：“不懂得工作意义的人常视工作为劳役，则其身心亦必多苦痛。”有些人认为工作是一种煎熬，他们体会不到工作的乐趣，原因有很多，但主要是他们没有把自己的目标和企业的愿景融合在一起。那些只为工作而工作的人，久而久之，他们就一定会对工作失去热情。

苹果公司创始人史蒂夫·乔布斯22岁就开始创业，从赤手空拳打天下，到拥有两亿多美元的财富，进而被称为“天使与魔鬼结合体”的商业奇才。然而，史蒂夫因为只强调公司的目标，却忽视了员工的目标而吃尽了苦头。

他为了完成自己所定下的目标，经常要员工们加班加点地工作。

史蒂夫经常在会议上，在公司高层面前强调公司的目标，却往往忽视了员工的目标。就连他亲自聘请的高级主管——优秀的经理人、原任百事可乐公司饮料部总经理的斯卡利都公然宣称：“苹果公司如果有史蒂夫在，我相信，在几十年之内，一定会走下坡路。”

对于二人势同水火的形势，董事会必须在他们之间作出取舍。当然，他们选择的是善于团结员工、和员工拧成绳的斯卡利，而史蒂夫则被解除了全部的领导权，只保留董事长一职。

史蒂夫·乔布斯是一个商业奇才，但他并不是一个优秀的企业管理者，他忽视了员工的目标，破坏了团队精神，这样一来，就不可能让员工们在工作上达成一致的意见，进而产生了重大的分歧，导致团队内部出现了分裂、团队精神涣散。如果史蒂夫能把个人目标和团队目标融在一起，相信苹果公司是战无不胜的，可是他选择了特立独行，这样的做法显然就会为公司的发展增加一道非常大的阻力。

一些员工根本就不关心自己的目标是不是跟团队的目标相吻合，他们只顾着自己忙，最后忙碌的结果很可能是无效的。倘若没有将自己的目标与团队的目标结合起来，他们的努力注定是在“瞎折腾”。

所以，作为企业的管理者，很有必要把团队的目标和员工的个人目标完美地结合起来，让他们与团队拥有共同的愿景。这个愿景应该是具体的、明确的、清楚的，当我们用语言描述它时，会在脑海里出现一幅生动的图像，如果这个图像比现状更加美好、更令人向往、更清晰，就能不断地增加团队的战斗力。

摩托罗拉公司是电子信息产业中一家著名的国际性大企业。在经济不景气、行业竞争激烈的形势下，该公司却一直成绩斐然。究其原因，是因为员工跟企业有着共同的目标。

公司规定，无论是最基层的安全保卫员或公司管理阶层，只要对公司作出贡献，都可以晋升，并且还会根据具体需要来调整他们的职务，以便让他们能取得更大的进步。

为了让员工们的能力得到提升，摩托罗拉电子有限公司在教育培训方面的投资就超过了5000万美元。公司还鼓励工程技术人员和管理人员积极参加国际学术会议，并派遣员工到海外工厂实习。为了不断提高管理人员的素质和管理经验，公司还开设了诸如主管指导培训项目、执行管理发展项目和高级执行管理项目，同时还与高等院校合作开设了工商管理硕士学位课程。

公司所做的这些，都是为了让员工的目标和企业的目标更加统一，这使员工真切地感受到了个人的发展与企业的发展息息相关，离开了企业，个人的发展就会受到限制。

每一名员工都是工作中的一个个体，只有把自己的目标融入到企业的目标当中，他的能力才能得到充分的发挥。当你的目标跟团队的目标相一致的时候，这个企业或团队就已经和你的人生联系在一起了。团队的目标就是你个人的目标，团队的成功就是你个人的成功，这样，团队里的每一个员工都愿意全力以赴地为企业的目标奋斗，因为这也是他们的奋斗目标。

乐于助人是最有价值的凝聚

赠人玫瑰，手有余香。

在一个伸手不见五指的夜晚，一个大师走到一个荒僻的村落。

他看到远处有一盏明亮的灯正在向他这个方向移动过来，身边的一位村民说：“张瞎子过来了。”大师百思不得其解，一个双目失明的人，挑一盏灯笼岂不可笑?

当张瞎子走到大师跟前的时候，大师于是问：“敢问施主，既然你什么也看不见，为何还要挑一盏灯呢?”

张瞎子说："我从外面回来的时候，听我的朋友说，现在的夜晚漆黑一片，根本看不清楚前方的路，所以我就点了一盏灯，不然满世界的人都和我一样是盲人。"

大师若有所悟地说："原来你是为别人照明呀?"但那盲人却说："不，我也是为了自己!"

"为你自己?"大师又愣住了。

张瞎子说："如果不带灯的话，我就可能在这样漆黑的夜晚被行人碰撞。但我挑了这盏灯笼，既为别人照亮了路，也让别人看到了我而不会碰撞我了。"

在职场，我们又何尝不是这样？当我们一心替别人着想时，受益的可能恰恰是我们自己。可是有一些员工不愿意帮助对方，不愿意与人协作，他们总是认为，自己跟别人之间既然存在着竞争的关系，那么自己就完全没有理由去帮助别人……

在一家公司的销售部里，小刘与小昭、小赵共同负责跟单工作。

小昭负责下单和打样，小赵负责催货和发货。由于小刘是新人，所以他的工作比较乱，既是跟单又带有一点助理的性质，说白了就是个打杂的。

公司里有不少客户都是由小刘负责跟单的，小昭、小赵两人把许多事情都交给小刘处理。

一次，小刘接到上级的通知，说28号是截仓的日子，跟单人员必须在此之前把所有的货物送到预定的仓库。于是小刘也告知了小昭，通知她27号必须马上出货，因为28号是截仓日。

可是到了28号，当小刘告诉小昭要发货时，小昭却说情况有变化，28号发不了货。听到小昭这样说，小刘真是气不打一处来，因为他早已经跟客户说好了，28号入仓是能够办到的，现在小昭却这样拖后腿，小刘根本无法跟客户交代。

当小刘再次打电话让小昭想办法时，小昭连想也没想，就直接说办不到，而小赵在一旁袖手旁观，推脱说是小刘的客户，与自己无关。小刘只好硬着头皮给客户打电话，希望对方能推迟发货时间，但是客户死活不同意。

最后，小刘只好去找经理，才将此事摆平。3个人都被经理狠狠地批评了一顿："3个人还搞不定一家客户，干什么吃的？懂不懂协助？"

如果他们3人互相协助对方，小刘又怎么能完成不了工作，最后又怎么会劳烦经理出面呢？可3人互相掣肘，致使事情推迟、拖延。说句不好听的话，3个人是一条绳上的蚂蚱，一损俱损，如果将客户搞丢了，3人肯定都要受惩罚。

所以，在工作中，不要认为同事的事情不是你的事情，不知顾大局是很难保住自己的小利益的，集体利益都没有了，个人利益从何而来？

其实，对于一名职场高手来说，团队里的任何一个人都可能是他职场里的伯乐，都可能在日后对他人有很大的帮助，哪怕这个人所从事的工作非常卑微，所以，我们要做的，就是在别人需要帮助的时候主动协助对方，帮他们把工作顺利完成。

罗伯特在念大学的时候，有一天，教授给他们一套试题。他一直很顺畅地做问答题，可当看到最后一题时他愣住了，题目竟然问的是学校清洁工阿姨的名字。

罗伯特当然见过这个阿姨，有时，还会跟对方说上几句话，可是他确实不知道阿姨的名字，也没有想过要知道。

这道古怪的题目，几乎让所有的同学都感到了惊奇，有一位同学还忍不住地举起手来，问教授这道题算不算分。

教授的回答是“当然算”。后来，教授告诉同学们，你们马上就要毕业进入职场，在你们的职场生涯中，会碰到各种不同类型的人，也会跟形形色色的人打交道，这其中的每一个人都可能是你的伯乐。因此，你要对他们关心和注意，哪怕只是给个微笑或是简单地打声招呼也可以。

这次测试给罗伯特留下了极其深刻的印象。他最终知道了清洁工阿姨的名字，但更重要的是，他明白了一个关于个人在职业生涯中如何获取成功的道理：协助他人成功，其实也是帮助自己成功。

团队需要互相协作，我们可以想象一下，如果一个团队里的大多数人都愿意把自己的所有经验跟大家一起分享，那么，这个企业里，一部分人也会把自己的长处展示给大家，让彼此能够取得更多的进步。

现实中的激烈竞争使许多职业人士感到压力巨大、无所适从，这主要就是他们过于自我，缺乏团队意识，而帮助别人则会令人更愉快，还更能促进人际关系的和谐。这也就进一步地说明了协助别人是非常重要的，它可以潜移默化地为我们助力，而正因为此，成功也就会自然来到了。

团结合作是最聪明的凝聚

聪明的人从不单独作战。

一个天才般的员工，如果他仗着自己比别人优秀而不懂得借用别人的力量，总是一个人孤军奋战，是十分可惜的。

《三国演义》中的刘备，文才不如诸葛亮，武功不如关羽和张飞，但他有一种别人不及的优点，那就是他有杰出的协调能力。他能让这些优秀的人才为他所用，最后建立了蜀国，跟曹操、孙权三分天下。由此看来，能够借用团队力量的人，就等于找到了成功的方向。

井深大刚到索尼公司工作的那时，索尼只是个20人不到的小企业，但老板充满信心地对他说："你是一个非常棒的电子技术专家，我会把你安排到最重要的岗位上去。"之后，井深大被任命于全权负责产品的研发。

一开始，井深大觉得自己还不能承担重任，因为他知道，老板给他的担子有多重，根本就不是一个人的力量能够应付得了的。所以他就想找老板让其他员工挑起大任，可老板非常自信地对他说："新的领域对任何一个人来说都是陌生的，关键在于你要和大家联起手来，这才是你的强势所在，只要把众人的智慧结合起来，还有什么困难不能战胜呢？"

听了老板的话后，井深大一下子豁然开朗："对呀，我怎么只想到我自己，不是还有20多位员工吗？为什么不虚心向他们求教，和他们一同奋斗呢？”

于是，他找到市场部的同事一同探讨销路不畅的问题。

他们说：“磁带录音机之所以不好销，主要是因为太笨重和价钱太贵。如果能把磁带录音机弄得轻便、低廉，那就好卖了。”井深大点头称是，然后他又找到信息部的同事了解情况。信息部的人说：“美国的一些电器，已经采用了晶体管生产技术，不但大大降低了成本，而且非常轻便。我们建议你在这方面下功夫。”他回答：“谢谢。我会朝着这方面努力的！”

在研制过程中，他又和生产第一线的工人团结合作，终于一起攻克了一道道难关，在1954年试制成功日本最早的晶体管收音机，成功地将其推向市场。

索尼公司由此开始了企业发展的新纪元。

一个优秀的员工，一定是一个懂得欣赏别人的优点和善于借用他人智慧的人。因为他们永远明白，即使自己的能力再强，也不可能在公司里独立完成每一件事。

很多时候，我们必须要通过跟别人合作、借用别人的能力才能顺利完成任务。实际上，既然你的同事能够与你共事，那么就一定有他的优点、有他独特的优势。只有你懂得借用他们的优势来补你的劣势，你就能更快地取得进步。

一只兔子坐在洞口打字，一只狐狸跳到它面前说：“我要吃了你！”

兔子说：“等我把这篇论文写完再吃我也不迟。”

狐狸感到非常奇怪，便问：“你能写什么论文？”

兔子回答：“我的论文题目是《兔子为什么比狐狸更强大》。”

狐狸说："这太可笑了，你怎么可能比我强大？"

兔子一本正经地说："不信你跟我来，我证明给你看。"它把狐狸领进山洞，狐狸再也没有出来。

兔子继续在洞口打字。一只狼跳到它的面前："我要吃了你！"

兔子说："等我把这篇论文写完也不迟。"

狼感到非常奇怪，便问："你能写什么论文？"

兔子说："我的论文题目是《兔子为什么比狼更强大》。"兔子又把狼领进了山洞，狼再也没有出来。过了一会儿，一头狮子走出了山洞，打着饱嗝说："你干得不错，今天我吃到了非常丰盛的午餐。"

从这个故事中，我们不难看出，兔子和狮子的合作是一个双赢的结局。狮子借用了兔子的智慧，毫不费力地饱餐了一顿，而兔子也因为有了狮子的保护免除了性命之危，可谓是各得其所。这之中，缺少了任何一方都不会有如此完美的结局，这就是学会借力的力量。

因此，不管你个人有多么强大，你的成就有多么辉煌，只有保持你与他人之间的合作，借助别人的力量才能实现你的梦想，因为只有合作才能走向未来。

事实证明，促成事业成功的方法之一就是要和团队并肩作战。学会和团队并肩作战是一种双赢的工作手段，不仅能让自己的工作更上一个台阶，也会因你的团队精神让上司更加赏识你。

注重沟通是提高凝聚力的关键

沟通受阻，总是易把努力付诸东流。

对一个企业而言，这样一个环境很重要：可以上下公开、自由自在、诚实地沟通。企业内部一定要畅通，一个企业领导需要具备打通内部各个环节的能力。

信息流通对于一个现代化的企业来说，十分重要。信息的最大化流通能带动企业的飞速发展。没有信息流通或信息流通不畅的企业犹如一潭死水，领导听不到员工的心声，员工只能感受到冷冰冰的命令，这样的企业难以创新和发展。

领导不能高高在上，和谐的管理就是领导和员工之间能够上传下达、沟通顺畅的管理。领导不能只懂得发号施令，而是要将自己掌握的信息及时传达给员工，让员工最大限度地了解企业的发展目标和运行状况，这样他们就能清楚地知道自己工作的意义。只有沟通顺畅了，他们在工作中遇到什么问题，或对企业的发展有什么好的建议时，才会向上级寻求帮助或反映情况，便于领导更好地工作和决策。

思科公司为了实现企业内部信息快速流通的目的，就把互联网技术应用在了交流之中，并取得了很好的效果。

在思科以互联网为中心的交流氛围中，所有的员工在进入公司的第一天起就感受到了沟通与交流的重要性。这种快捷通畅的交流方式，使员工的工作效率大幅提高，过去需要一周时间完成的开支报告，现在通过互联网交流，只需要两天就可以完成。

思科公司现在有超过80%的非技术交流都通过网络进行，包括培训和整合。员工效率的提高为公司节省了大量开支，企业的业务虽然在不断扩大，但服务人员并没有增加，这全部有赖于快捷充分的沟通。

思科公司的总裁常常出现在公司的每个办公室里，而和他一起出现的是一个装有冰激凌的大盒子，他在向员工分发冰激凌的同时，和员工进行着交谈，倾听他们对公司的意见以及他们所关心的问题。这样的沟通，使得企业内部信息得到了快速高效的流通，员工之间也避免了钩心斗角和推卸责任问题的产生，企业内部的合作气氛日益浓烈。

如果领导和员工之间的信息交流不通畅，员工就会把时间用在抱怨、抵抗和发泄不满上，自然难以提高工作效率。与其让员工这样磨洋工、浪费时间，还不如及时了解员工的不满，并采取措施改善。

没有适当的沟通，员工就可能对分配给自己的工作和任务产生错误的理解，导致工作任务不能顺利圆满地完成，给企业带来损失。

西南航空公司一直以来全力推行员工参与公司事务的做法，让每一个员工都能够充分理解公司的战略意图。这样的做法取得了积极的成果。

一次，一位等候登机的乘客向一位经理抱怨：“西南航空公司的班机为什么不把机舱分为不同档次呢？像别的航空公司那样，它们不都是那么做的吗？那样我们就不用在登机的时候排长队了。”

这位经理还没有站起来向乘客解释，一位普通的乘务员就已经客气地回答了乘客的这个问题："我们公司之所以不把机舱分成不同档次，是因为我们一贯实行的是低价政策。这样不但省去了预订系统，而且提高了座位利用率。这当然不仅仅对公司有利，节省下来的同样是乘客的钱。如果公司和另一家航空公司一样采用分档的策略，公司必须增加17架飞机才能满足需要，要知道，每架飞机的价格为3500万美元。按照我们现在的策略，每位顾客每次飞行都要节省70美元。"

这位乘务员的解释让乘客十分满意，而且给他留下了深刻的印象。这位乘务员之所以能够这样完美地回答乘客的问题，重要的原因就在于领导与她进行了充分和有效的沟通，使她对公司的决策信息和所处的形势有所了解。

管理者应当为建立一套完善的沟通系统而努力，当企业建立起一套成熟完善的沟通系统时，团队的工作效率必然会大大提高，员工们也会迅速地走向优秀，这必将有利于降低企业的成本，减少不必要的浪费。

总之，重视企业内部的沟通是一个企业发展的先决条件，也是进一步让员工更快走向优秀的一种方法。

第 5 堂课

良好的心态 塑造优秀的员工

性格决定心态，心态决定命运。企业要有好心态的领导，也要有心态好的员工。如此，则天下无敌。

成功需要好心态保驾护航

好心态可以平衡工作与生活，平衡得与失，靠近成功更多。

人生不如意事十之八九，职场中也是如此，上司的苛责、同事的刁难……这些都是不可避免的，这是职场中每个人都会遇到的困难，越是如此，我们就越应该摆正心态，真正做到万事不萦于怀，要明白这些不过是我们职场生活的一种点缀。摆正心态，把自己放平，我们才能在职场道路中越走越远，才能尽快修炼成为优秀员工。

有一个国王高高在上，过着锦衣玉食、声色犬马的生活，但是他并不快乐。于是就找来了御医，御医给他开了一个方子，让他派人去全国各地去找最快乐的人，然后把他的衣服抢回来，给国王穿上，这样，国王就会快乐了。

大臣们不负众望，终于找到了最快乐的人，但是这个人却让他们大跌眼镜，大臣们根本无法抢到他的衣服。

国王非常生气，斥责大臣们："你们真是不可救药，为什么抢不到他的衣服，只有把他的衣服抢来给我穿上，我才会快乐！"

大臣据实答道："这个最快乐的人是个乞丐，他赤身裸体，没有穿衣服，根本就没办法去抢。"

不管我们做什么，身处何职，将要达成什么目标，我们首要做的就是找到自己的位置，调整好自己的心态，不去苛求什么，按部就班地去做，只有这样，我们才能看到成功的曙光。老子说："多则惑，少则得。"这就说明，职场中，如果我们考虑得越多、计较得越多，受到的困惑也就会越多；如果我们考虑得越少，明白的事理也就越多。职场中，面对错综复杂的人际关系，我们就更要保持好自己的心态。

有些人明明很有能力，他们也知道，凭自己的能力完全可以在职场中大有一番作为，但是现实却恰好相反，他们的能力并没有给自己带来成功，反而走向了失败的深渊。这些人对任何事情都是摆出一副漠不关心的样子，或者找不到自己的能力所能展现的领域，而正因为如此，这些人就会让机会白白流失或者他们的心里变得非常烦躁，最后，只能品尝失败的苦果了。

在职场这个大舞台上，我们要做的就是接受能接受的，在客观前提下做好自己。在顺境中，我们要做到居安思危；在逆境中，我们就更要做到保持心态。好心态是成功者的座右铭。空口说白话，是对自己的不负责任，更是对公司的不负责任。好的心态可以让我们每天都拥有一份好心情，更会为我们的工作增加一道"保护网"。

不管我们对于工作的心态如何，明天天空总会一片湛蓝，太阳依旧会升起，好的心态可以让我们被阳光包围，从而继续保持良好的状态。

我们要知道，工作中，我们和老板在一起共事，就应该时时、事事严谨。当然，工作中的人不只我们一个，我们要学会把心态放平，因为这是我们的选择，既然选择了，就要学会接受，让接受慢慢转变成喜欢，这样，我们的心态就自然而然地会好了。

职场中要求我们保持好心态，好的心态是优秀员工的必备法宝，只有拥有这项法宝，我们才能任凭风浪起，稳坐钓鱼台，让所有的责难全都随风散去。

人才绝不在抱怨中等待

只怨不动的行为永远只能与成功隔河相望。

我们身边总是不乏这样的人，当自己出现问题或者遇到麻烦时，他们总是会从别人身上找原因，而不是自己身上。我们要知道，生活是自己的，工作也是自己的，而你则是这些事情的直接执行者，你要做的就是不要被这些事情所击倒，就算再困难，也要挺起胸膛，大步向前走。

我们要做的，就是抛开负面情绪，让自己在正面情绪的指引下，在职场中越走越远。抱怨只会让我们的心理防线一降再降，成功之于我们就会越来越远。其实，我们的未来由我们做主。人生没有什么值得抱怨的，你要知道，汗水和泪水，虽然两者的化学成分大体相同，但是实际上，它们所能带来的结果却大不相同，人们只相信汗水，却不相信泪水。当我们抱怨的时候，请抬头看看，其实，我们一直都行走在职场的路上。

路边有个小土坡，坡上住着很多蚂蚁，蚂蚁虽然很多，但是每窝蚂蚁的分工都很明确，工蚁是负责找食物的，兵蚁是用来作战的，保育蚁是负责照顾刚出生的小蚂蚁的。

冬天过去了，保育蚁非常忙碌，虽然工作很忙碌，但是每天都能收到很多工蚁送来的食物，保育蚁非常满足，觉得自己的付出有了回报。

夏天来了，蚂蚁的数量增多了，出生的幼蚁却少了，保育蚁的工作清闲了许多，分配到的食物也就少了。保育蚁的心情开始变坏了，觉得自己的食物少了，不是因为自己不够努力，而是因为自己的工作太少了。自己以前为蚂蚁族作了那么多贡献，功劳簿上写得清清楚楚，但是现在，却是英雄无用武之地了。

有一只保育蚁无所事事就出去闲逛，遇见了另一窝的一只保育蚁，看到它非常开心，保育蚁非常奇怪，就问它："你怎么这么开心啊？"

那只保育蚁说："是啊！现在我很忙，每天能获得很多的食物，怎么能不开心呢？"

保育蚁非常羡慕，就说了自己的现状，感到非常痛苦。

那只保育蚁就劝它说："你别伤心，我也有过同样的经历。以前我也和你一样，分配的食物很少，但是土坡下面住着很多窝蚂蚁，我们经常会为了争夺地盘而战斗，大量的食物都给了兵蚁，而我们分到的食物也很少。但是到了后来，大家打来打去，都没有结果，就搬到土坡上面去了，没有了战争，我们分配到的食物也就自然多了。"

保育蚁说："原来是这样啊，但是我还是不想要那么少的食物，我不想在我们窝里做了，想到你们窝工作，怎么样？"

保育蚁有很多抱怨，因为过惯了食物多的日子，食物少了就觉得非常不适应了，于是心里产生了很多想法，一味地发着牢骚，却是于事无补。职场中的我们也会抱怨，有时候会抱怨自己的工作任务繁重、有时候会抱怨自己的工资低、有时候会抱怨自己的节假日少……但是很多时候，抱怨不能解决问题，反而会加剧问题的恶化，引起同事的反感，这样一来，你就得不偿失了。

人生总是苦多乐少，不可能处处都是坦途，职场中就更是如此。既然选择了职场，就要做好面对竞争的准备，及时调整自己，把自己的心态放平，这样，我们才能在职场中找到属于自己的位置，然后一步一个脚印，坚定不移地走下去。

老王最近心里非常郁闷，因为工作繁重，不仅休息时间少，而且薪水也没见提高，忍耐了好久，最后还是没有忍耐住，就找总经理发牢骚去了。

找总经理之前，老王碰到了同事，非常生气地说："我们虽然是员工，但我们也是人啊，谁愿意每天都加班啊，不仅没休息时间，而且连奖金也没有，你说这算什么事啊？不行，这口气我实在咽不下去，我一定要去找总经理理论理论！"

刚走到总经理办公室门前，老王就对总经理秘书说："我是老王，和总经理约好了的。"

秘书说："我知道，但是您来得真是不巧，刚才有个同事进去送快件了，您先等一下吧！"

于是，秘书就把老王带进了会客室，让老王坐下等一会儿："您是喝茶还是喝饮料？"

老王还是很气愤："我什么都不喝！"

秘书说："总经理交代了，如果您要喝茶，就会为您准备一壶上好的龙井。"

老王不厌其烦：“那就来杯茶吧！”

过了一会儿，秘书就把茶端了过来，还送上了一盘小点心：“您慢用，总经理马上就出来了。”

老王接过茶，愣了一会儿：“我只是一名普通员工，他没记错吧？”老王不敢相信，总经理竟然会让他喝龙井、吃点心。

“当然没弄错，您是公司的元老，总经理说，你们最近非常忙，每天都要加班到10点，心里非常不是滋味，希望您能够好好歇歇！”

秘书的话音未落，总经理就走了出来，和老王握了握手：“听说您找我，有什么事吗？”

老王一时语塞：“没……没什么事，就是来看看您！”不知道怎么回事，老王的怨气当时就消失了，向总经理说了自己的心里话。

职场中没有不可调和的矛盾，更多的时候，是因为我们的心态不好或者是与他人沟通得太少，才会产生了一些小矛盾。如果我们仅仅是为了一些鸡毛蒜皮的小事而耿耿于怀，把自己的心情弄得非常不好，这就得不偿失了。很多事根本就是无足轻重的小事，但是很多人却偏偏喜欢钻牛角尖，吹毛求疵，把小事放大，渐渐成了大问题。就是因为这样，我们的抱怨心理才会无限制地扩大，最后变得积重难返。

人生中的大多数事情都是不太完美的，如果只是因为心理上的落差而焦躁不安，这是非常不理智的表现。我们要做的是学会欣赏别人、欣赏生活，要学会发现美，这样，我们的心情才会变得愉悦，自己当初的抱怨也会烟消云散。

如果我们能多一些包容，就会发现其实我们身边的同事、上司，远没有想象中那么难相处，只要我们心中多一些关爱和宽容，看到的就会是更多美好的一面。而吹毛求疵只是拿着放大镜去看人，与其如此，不如把放大镜打碎，这样我们才能在人生中获得更多的满足感和安全感。

等待成功需要凡事看淡一点

越渴求的越难得到，越轻视的越易获得。丰收常常是等待中的淡定孕育。

成功和失败不是冤家，而是朋友，人生可以因成功而精彩，也可以因失败而伟大。要知道，成功并不是终点，而是对你努力的一种肯定；失败也不是终点，它只是为你开启了一个崭新的起点。所以，不管如何，我们都要认清脚下的路，因为我们一直都在路上。放平心态，一切都会变得简单，一切都在意料之中。

乔丹，作为NBA的神话，一直被世人所熟知。他最看重的是自己的竞争力和别人对其能力的认同。而乔丹首先对他人就是这么做的。

当年在公牛队时，乔丹和皮彭可以说是队里的两大主力。而皮彭也一致被认为是最有希望超越乔丹的新秀。因此，皮彭也时常故意流露出对乔丹不屑一顾的表情，还经常有意无意地在言语上对他有所挑衅。

但乔丹并没有把皮彭当作潜在的威胁而排挤他，反而对皮彭处处加以鼓励。一次训练后，乔丹特意找到皮彭，问他：“你说咱俩的三分球谁投得好?”

皮彭心存怨气地回答："你明知故问，当然是你。"的确，那时乔丹的三分球成功率是28%，而皮彭是26%。

没想到的是，乔丹微笑着打断他说："不，是你！你投三分球的动作规范、自然，很有天赋，以后一定会投得更好，而我投三分球还有很多弱点。"

皮彭听后，更加觉得羞愧难当，认为乔丹这是在有意羞辱自己。

还没等皮彭的不满情绪爆发，乔丹紧接着就对皮彭说道："你看，我投篮多用右手，而你左右手都行。"

这一细节连皮彭自己都没有注意到，他深深地被乔丹的谦虚所感动。

从那以后，皮彭成了乔丹在公牛队乃至NBA最忠实的支持者。在乔丹的带领下，公牛队创造了NBA历史上的公牛王朝。而乔丹则被誉为篮球界的神话。

一切事情都是被我们的心态影响的，不管是好还是坏，不管是成功还是失败，万事万物皆有它的源头。那么，职场中的我们应该怎么做呢？我们要做的就是放平心态，以责人之心责己，以恕己之心恕人，这样，我们的心态才会一直在正确的轨道上前进。

职场中需要的是好心态，这是一种境界，人只有站得高，才能看得远；看得远，才能走得远，所以，一切事情都需要我们认真去把握。如果我们总是被一些小事牵绊住，等到我们真正需要去做有用的事的时候，我们就会发现，原来我们的内心早已经被不必要的事情填满了。

把心态放平，把事情做好，未来永远都在脚下，而一切也都只是意料之中的事情。职场中，我们难免会出现焦躁、迷茫，但是正因为此，我们才需要放平心态，心态平和了，我们才能摆脱这些烦恼，进而轻松上路。

大学毕业之后，孙涛留在了南京，应聘到了一家广告公司，经过一番筛选，公司留下了5个人，孙涛赫然在列。

试用期间，总经理对孙涛等5个人说："你们好好工作，试用期结束之后，我将从你们中间挑选出一名最优秀员工作为我们的业务主管。"

听完总经理的话，孙涛心中的斗志被燃了起来，他在心底暗暗发誓，一定要当上业务主管。孙涛想，如果自己想要当上业务主管，首先要做的就是要超过其他4个人。如果只是一味地埋头苦干，肯定是不可能的，孙涛认为，自己要做的就是利用自己的聪明才智，利用网络率先了解当下流行的广告创意，并且多与专业人士交流，只有这样，自己才有胜算。

为了能够知己知彼，孙涛主动和其他4人沟通。不过，孙涛这样做其实是把自己的独特想法都藏起来，只是不断从4人中学习知识，化为已用而已。而对自己的想法和观点却讳莫如深，不向其他人透露半点。

试用期结束，孙涛觉得自己胜券在握，但是总经理的决定却让孙涛从天上坠入了深渊，孙涛不仅没有当上业务主管，反而还被辞退了。孙涛觉得不可理解，就去质问总经理为什么要辞退他。

总经理解释说："我们公司之所以能够发展到今天，不是因为钩心斗角，而是因为精诚合作。我们公司需要的是员工团结协作的能力，能跟同事互通有无、相互促进的人才是我们的最佳人选。"

放平心态，同事不是敌人，他们更是我们的良师益友，工作中，我们要做的就是做自己应该做的，多和同事交流，而不是总以小人之心度君子之腹。人脉关系不是自然走到我们身边的，而是需要我们认真经营的。心态放平和，就会真正达到"闲看庭前花开花落，漫随天外云卷云舒"

的境界。

未来遥不可及，而过去的已然成为历史，我们要做的就是把握住现在。现在的事情是我们能真正握在手里的，正因为如此，我们才需要放平心态，尽全力做好自己。把握好现在，未来才会不断被你把握，未来是不停到来的现在，做好自己，我们才能成为命运的强者。

开拓未来需要眼光长远一点

站在更高的山上才能看到更远处的生命之泉。

职场中，有些人认为自己只是一名员工，做好自己的本职工作就足够了，别人怎么做，自己就应该怎么做，法不责众，就是这个道理。但是你要知道，难道你的目标就是一辈子打工吗？难道你没有雄心吗？你要记住，你不仅仅是一名打工者，因为你的梦想要远比这个伟大得多。

我们都不想一辈子步人后尘，当然，正因为这样，我们才需要及时调整好自己的心态。安逸的工作往往为我们带来的将会是意志的消磨、激情的消退，长此下去，我们当初的梦想就会变得支离破碎。著名将领拿破仑说："不想当将军的士兵不是好士兵。"职场中的我们更是如此，如果我们没有目标、没有忧患意识，每天只是得过且过，等待我们的将会是现实给予的最无情的打击。

有一个朋友去草原旅游，住在了一户牧民的家里。因为是第一次来，这位朋友对四周的环境感到非常好奇。

经过一番走访，这位朋友发现牧民家里养的骆驼非常奇怪，明明身边就有新鲜的青草，而它却选择去吃枯萎干涩了的草，这位朋友非常好奇，就向牧民提出了这个疑问。

牧民笑着说，骆驼是一种非常有忧患意识的动物，它担心明天主人就会带它穿越沙漠，如果胃中没有足够的食物储备是走不出沙漠的，它知道，干草比青草要更耐饥，所以它才只吃干草，而不吃青草，一头成年骆驼一天能吃下几十斤干草进行储备。

我们常常会看到“沙漠之舟”的骆驼穿越沙漠的壮举，却很少有人知道它们在穿越沙漠之前所做的准备工作。骆驼的忧患意识，让它们知道，也许下一秒钟就要面对沙漠大风沙的考验，所以它们需要时时储备食物，以此来应对沙漠里没有食物的艰难考验。

人生中也是如此，不可能处处都是坦途，更不可能每一次都能发现生命的绿洲。我们要像骆驼一样，时时保持一颗忧患的心，不断充实自己、不断完善自己，让自己在顺境中看到逆境，时时告诫自己不能掉以轻心，否则将会尝到失败的苦果。

艰难困苦，玉汝于成。很多时候，我们不能客观分析形势，进而让自己滋养出了安于现状的心理，对“忧患”二字弃之不顾，最后只能落得失败的惨痛结局。生活中的我们要有忧患意识，工作中就更需要我们有忧患意识，我们不是一呼百应的将军统帅，而是企业里的普通员工，在自己的岗位上创造着人生价值。诚然，我们每个人都在发光发热，但就算如此，我们也需要一个更大的舞台来供我们发光发热。所以，你不仅仅是一个打工者，因为你的未来依旧光明灿烂。

徐伟杰去应聘一家做玩具出口的公司，经过一番面试，获得了面试官的认可。徐伟杰认为自己的人生已经起步，接下来，自己一定要努力，不仅要对自己负责，更要对公司负责。

第二天，徐伟杰精神饱满地来到公司上班，迅速投入到了工作中，加上老员工对他的指点，徐伟杰完成的工作让上司非常满意。

但是好景不长，半个月之后，徐伟杰对待工作就没有往日那样有激情了，他发现自己的学历是最高的，而工资却是最低的，这让徐伟杰心里很不平衡。

老板发现徐伟杰的情绪变化后，就把他叫来谈话，并且告诉他，只要把工作做好，升职加薪是早晚的事，徐伟杰只是沉默应答，并没有说什么。

可刚刚过了一天，徐伟杰就主动找到老板，直截了当地要求老板提高他的月薪。但是老板认为，公司有严格的工资管理制度，不能因为徐伟杰一个人的要求而搞特殊，而且徐伟杰是新人，刚来公司，对公司的很多业务还不是很了解，需要老员工对他进行指导。在他为公司真正创造利益之前，公司是无法给他提高薪酬的。

徐伟杰表示理解，但是他也只是表面说说，工作的时候依然我行我素，每天只是完成上级布置的任务，其他什么都不做，没事做的时候就打电话或上网。

一个月之后，老板实在忍受不了徐伟杰的这种消极怠工，于是解雇了他。

徐伟杰的失败在于他没有忧患意识，工作还没多久就要求加薪，丝毫没有认识到自己所处的位置，只是盲目地拿自己的文凭说事，最后只能为自己的失败埋单。一旦进入职场，文凭也就成了过去，如果还死抱着文凭当饭吃，那么，这个人就太失败了。职场看重的是一个人的能力，而不是学历学位上的那个大红印章，我们要做的就是尽快融入公司，和同事同舟共济。

诚然，面对每天千篇一律的工作，我们每个人都会感到枯燥、乏味，越是如此，我们就越应该调整好自己，不要让自己的梦想遗落在机械的重复中。我们要学会换位思考，我们身边的同事都在工作，他们和我们一样，但是我们却与他们不同，因为我们有自己的目标、有自己的规划，我们知道自己在做什么，我们要学会把现在的工作当作成功之前力量的积累。想要成功，梦想是必不可少的。

生于忧患，死于安乐。人生没有永远的顺境，也没有永远的逆境。顺境中我们要争取百尺竿头更进一步，千万不能掉以轻心；逆境中我们更要认识到，逆水行舟，不进则退，要时时加足马力，才不会让自己掉队。

我们需要的不是一时的享乐，而是时时的自我鞭策，就像庄子那样的大思想家还常常“吾日三省吾身”，更何况我们？没有忧患意识是人生最大的悲哀。我们要做的就是时时提高警惕，擦亮双眼，这样我们才能看到隐藏在暗处的危机，进而避免危机的出现，走向成功。

把握机会必须终身不忘学习

人不可一日无学习。

离开了大学校园，我们仿佛在一瞬间长大了。我们告别了学生时代，但是我们却无法告别“活到老，学到老”的人生境界。学习是我们不断完善自己的根本保证。逆水行舟，不进则退。职场中，我们都希望能够升职加薪，都希望能前程似锦。

当然，有这样的梦想是好的，但是有梦想就应该勇敢去追求，就应该身体力行去做。也许我们认为自己的能力已经很强大了，可以在众同事之上了，但是，水满则溢，你要做的就是再加大自己的容量，再去汲取知识来强大自己，这样我们才能达到别人难以企及的高度。

王亚南从小就立有大志，他特别喜欢读书。在他读中学的时候，为了争取更多的读书时间，就把自己睡的木板床的一只脚锯短了半尺，四脚床变成了三脚床。

王亚南每天读书都会读到深夜，读得困倦了，就躺到床上睡觉，但是只要他一翻身，因为床少了一只脚，就会自然惊醒。于是，王亚南就马上下床，继续读书。凭借着这种读书不辍的精神，王亚南的成绩在全校一直名列前茅。

1933年，王亚南乘船去了欧洲，在行进途中，遭遇了大风浪，船被风浪刮得左右摇摆，王亚南就拿着一本书去餐厅找来了一名服务员，对他说：

“请你把我绑在这根柱子上吧！”

服务员以为王亚南怕被风浪卷到海里，就照他的吩咐做了。王亚南被牢牢绑在了船上，之后，他就打开书，专心致志地读了起来。船上的外国人看到了，纷纷竖起大拇指，赞叹说：“真是了不起！”

不断学习，我们才能变得强大，才能赢得别人的尊重。我们永远不要认为自己已经足够强大了，认为自己已经可以独当一面就可以目中无人，这些都是非常错误的想法。人生就是一个不断锤炼的过程，只有经过烈火的试炼，我们才能完成人生的一个又一个的升华。

国画大师徐悲鸿说：“人不可有傲气，但不可无傲骨。”人若骄傲、若炫耀，就会暴露出自己越来越多的弱点，这就需要我们学会谦卑，不断学习，这样，我们才能在职场的舞台上继续扮演好自己的角色，继续在舞台上发光发亮。学习是一种态度，学习可以让我们不断变得强大，更能让我们在职场中越走越远。

基麦克默朗银行是一家老牌银行。然而到了20世纪60年代，因为管理不善，它的生机十分渺茫，已到了倒闭的边缘。为了让基麦克默朗银行重新振作，负责人来到李文正的住所，以朋友的身份请求李文正设法筹集和投资20万美元，并提供一笔额外的营业资金。

负责人的请求，让李文正也有了些动心。但是，他当时手头上仅有2000美元的积蓄，要他筹集20万美元谈何容易。因此，放弃是他必需的选择。

谁知，就当其他人以为李文正会推辞的时候，他却选择了同意。因为经过一番思考后，李文正认为这是创业的重大机遇，于是当机立断，决定接受这一重大挑战。

可是，对于一个从未受过任何银行业务训练的人，想要经营好银行，谈何容易。不过，李文正却没有拘泥于此，而是想到了一点：基麦克默朗银行要想恢复生机、发展业务，必须打进其他银行家根本不会想到的市场中去。

李文正脑海中的市场，就是自行车行业。雅加达的自行车业主大多是福建籍人。于是，他通过自己的关系，在雅加达动员福建籍华人中最有钱的人入股，并多方联络，广泛招股，很快就筹集了20万美元的资金。

资金准备妥善后，李文正成了这家银行的董事，并且拥有优先认购这家银行20%股份的权利。从此，他正式踏入银行界。一开始，他遇到了颇多的困难，但他虚心学习，逐渐熟悉了全部业务。由于他善于经营，在3年之内就使基麦克默朗银行获得了巨额的利润。

初战告捷，让李文正信心十足、雄心勃勃，决心再扩大事业。1963年，他接受了即将倒闭的另一家银行——布安那银行。经过整顿之后，没几年工夫，布安那银行不仅被抢救了过来，而且获得了很大的业绩。

两家银行的起死回生，为李文正插上了腾飞的翅膀，使他的事业突飞猛进，迅速扩展。1971年，他担任泛印银行的执行总裁。1975年，他又经营了中亚银行。中亚银行与泛印银行相比，只不过是一家小银行，资产比后者低33倍，存款额比后者少100倍。但经过10年的苦心经营，中亚银行便成了东南亚最大的银行之一，而在印度尼西亚私人银行中则名列第一。

有勇气固然可贵，但是如果缺少了学习的心态，勇气的力量就会显得非常单薄。有了学习的兴趣，就可以调动起我们的激情，就可以让我们在职场中发挥出自己真正的能力。人生波诡云谲，每时每刻都处在变化之中，但越是如此，就越是要求我们不断强大自己，让自己立于不败之地。

著名诗人陆游有云：“书到用时方恨少，事非经过不知难。”也许我们认为自己学到的已经足够多了，但是等到需要我们展现能力的时候，我们却变得毫无作为，这样一来，我们就只会白白浪费掉自己拼搏来的机会了。

不想失败必须拒绝浮躁

浮躁是成功的大敌、是失败的催化剂。

年轻人大都有着初生牛犊不怕虎的勇气，也有着胡子眉毛一把抓的浮躁。浮躁是成功的大敌、是失败的催化剂，浮躁会让我们的思想变得混乱，会让我们的逻辑性丢失，会让我们盲目地去做一件事，这样做是非常不理智的。越是年轻，我们就越需要沉稳，就越需要有逻辑性，只有这样，我们才能在工作过程中发挥出自己本应有的能力。

春秋战国时期，鲁国有一个非常聪明的人，他送给宋国国君两根结得非常巧妙的绳结。宋国国君宋元公仔细观察了这两个结，发现这两个结非常牢固，很难解开。于是，宋元公就张贴了告示，遍访能人异士，承诺说：“谁能解开这两个绳结，必有重赏。”

告示一出，天下能人异士纷纷来到宋国一试身手，但是他们都是盲目行事，没有一个人能够解开，众多人都是乘兴而来，败兴而归。

这时，倪说就向宋元公推举自己的弟子，宋元公深知倪说不仅学富五车，而且精通世理。于是，宋元公就同意了。

倪说的弟子拿到这两个绳结之后，先是放到手里，分析了一会儿，接着，他就拿起绳结中的一个，双手上下翻飞，过了没多久，弟子就把一个绳结解开了。宋元公非常高兴，让他继续解第二个绳结，弟子却久久没有动作。

宋元公非常奇怪，就问弟子为什么不去解第二个绳结，弟子斩钉截铁地说：“这是一个死结，根本就解不开，就算找遍天下的能人异士，也只能把它损坏，却不能解开。”

宋元公半信半疑，找来了设下绳结谜题的鲁国人。鲁国人听完宋元公的描述，非常惊讶：“天下竟然有如此聪明之人，竟然能看出这个绳结是个死结，我真是自愧弗如啊!”

倪说的弟子分析绳结时并不浮躁，没有盲目地行事，而是具体问题具体分析，理清头绪，按部就班地分析问题。很多事情难解决，不是因为事情本身有多么困难，而是因为有些人看到事情不管难易，不是首先去理清思路，就马上着手去做，这样毫无头绪，眉毛胡子一把抓，只会把简单的事情复杂化，变得更难解决了。

职场中也是如此，很多人工作都有一个通病，那就是心浮气躁，不管是什么样的工作，拿起来就做，最后的结果只能是打乱工作顺序，使工作无法顺利进行下去。工作上有问题，马上着手解决是不明智的，有些问题也许根本就不是问题，为了一个本不存在的问题煞费苦心，最后只能是做无用功。

冯程毕业于一所重点大学的软件工程专业，进入了一家软件公司，成了一名程序员。

工作一段时间后，冯程发现，自己的编程速度明显存在问题，就算自己再怎么加班、再怎么努力，也不能在主管规定的时间内完成任务。冯程心里就认为，主管给他安排的工作是不可能完成的工作。但是冯程发现，公司里的那些老员工却能在规定的时间内完成工作，这让冯程非常奇怪，同样的工作，为什么新老员工会有这么大的区别，是不是自己的编程方法不对呢？

好奇心促使冯程主动去找了单位的老员工，通过深入交流，老员工道出了编程的秘诀："编程任务书只是给你提供一个大体的框架，并不是具体执行方案。计划只是告诉你一个大体思路，真正的问题还要在实践中寻找。很多程序都是可以借鉴的，如果按照任务书上的进行，只会把烦琐的大程序带到你的编程中来，这样做是非常错误的。实践才是主题，有时候需要你抛弃一些不必要的烦琐程序，用简单的程序来实现同样的功能，这样就能避免出现复杂的情况，提高自己的工作效率了。"

冯程工作费时费力的根本原因就是因为他浮躁，没有去认真考虑怎么去工作。工作没有条理性，总是眉毛胡子一把抓，最后累坏了自己，工作还是没有多大起色。不懂得方式方法，只是按部就班地工作，往往会让工作缺乏条理性，我们要做的就是多思考，把问题分析透彻了再着手去做，这样才会把工作处理好。

在生活中缺乏条理，总是喜欢走一步算一步，这是人的本性在作怪，以为只要自己按顺序做了，认真做了，就一定把问题处理好，但是现实往往是残酷的。真正解决问题的方法往往在实践中，解决问题的时候，不懂变通的人只会把简单问题复杂化，再想理顺就难了。

我们每天的工作都像是一个循环，经过一晚上的精力储备，早上醒来，神清气爽，走向工作岗位，精力充沛，觉得手上的工作弹指之间就能解决，但是随着时间过去，精力储备逐渐消耗殆尽的时候，我们却发现，手上的工作还有很多……工作也需要条理性，把每天最重要的工作放在精力最旺盛的时候去做，次要的事情尽量押后，这样，每天的工作就不会既费力费时又不能完成了。这样，我们的心情也不会再烦躁了。

我们工作的时候不是没有精力，而是缺乏好的心态，在浮躁的状态下，我们总是把大好的光阴用在不重要的事情上，而想要做重要事情的时候，我们的精力已经寥寥无几了。我们每天的工作串联起来，就像一次马拉松，我们要学会确定大目标和小目标，把事情进行归类，这样做起事情来才会觉得轻松，才会取得顺利。

想要让心态变好，想要让自己变得快乐，就要摒弃浮躁的心态。每天的职场都是崭新的，我们要面对各种各样的突发情况，越是如此，就越需要我们做好自己，保持乐观的心态，这样，我们才能做好自己，向着自己的美好未来进发。

持续发展不妨看淡金钱

薪酬是暂时的，发展才是长久的。

我们常常会说，金钱不是万能的，但是没有钱却是万万不能的。工作中的我们，在选择工作的时候，总是非常看重薪酬，认为这才是自己工作的唯一目标。诚然，薪酬能够体现出我们工作所创造的价值，是对我们工作的一种肯定，但是薪酬并不是越高越好。我们要做的就是把目光放得更长远一些，真正适合自己成长、为自己的能力提供一个展现舞台的企业才是我们最需要的，我们选择的不是薪酬，而是能为我们未来的大发展指明方向的企业。

古时候有一个财主，家里有万贯家财，但是这个财主却非常吝啬，不仅对他人如此，就连对自己的亲人也一样如此。

有一天，财主一家人在吃饭，他给两个儿子都盛好了饭，两个儿子见父亲没有准备菜，就不解地问父亲："爸爸，我们今天吃什么菜啊?"

财主一听，就拿来一条咸鱼，挂在了墙上，对儿子们说："你们看一眼咸鱼，就当作吃了一口菜，然后再吃一口饭，这样就行了。"两个儿子一听也没有办法，就只好照做了。

两个儿子吃着饭，过了没多大一会儿，就争执起来了，财主忙问："你们两个已经有饭也有菜吃了，还争执什么啊?"

小儿子告状说："刚才哥哥多看了咸鱼一眼。"

财主一听，非常生气："别管他，他这么馋嘴，一定会咸死他！"

诚然，我们是不会像这位财主这样吝啬的。但是选择"前途"还是"钱途"却是一个不大不小的问题，我们都希望二者兼得，事实上，这样的想法只能停留在幻想上，是很难照进现实的。

现代社会是一个现实的社会，更多的时候我们需要生活，需要金钱来为我们的生活提供保障，但是这并不是我们职场生活的全部。我们需要经验、需要人脉、需要提升发展的空间，这些才是我们长远发展的根本保证。

不要太过于看重薪酬，因为薪酬只是暂时的，而能力、经验、广阔的空间才是我们未来发展的大方向。调整好心态，不要因为薪酬的差异而变得心理不平衡，我们要把目光放得长远一点，避开薪酬，这样，我们才会发现游离于金钱之外更有价值的东西。薪酬是会改变的，而决定薪酬高低的是我们的工作能力、是我们的工作经验。我们最应该做的就是关注公司的发展潜力，关注自己的学习发展空间，而这些就是我们在职场生涯中强大自己的重要法宝。

余风大学刚毕业的时候，就看上了一家广告公司，他非常想进入这家广告公司工作。因为这家广告公司非常成熟，有着强大的策划团队和管理理念。余风认为，在这家公司工作，能够让自己快速成长起来。

令人感到意外的是，这家公司竟然只开出1000元的工资，而且还没有奖金及提成，这让很多刚毕业的大学生望而却步。但是余风却选择了坚持，他相信，这家公司可以让他学到很多他想学到的东西。

进入这家公司之后，余风开始向老员工虚心学习，抓住每一个提高自己能力的机会。为了能够积累经验、完善自我，余风全身心地投入到了工作中。

3年之后，因为在工作中表现突出，余风被提升到了广告总监的位置上，而他的薪水也比当初高出了几十倍。

无独有偶，一家公司雇用了一个非常有能力的员工，这位员工的工作能力非常强，他总能出色地完成任务，得到领导的肯定，而他也因此博得了老板的信任。

有一次，这名员工设计的一款商品刚刚推向市场，就受到了大众的热捧，为公司赚到了很大一笔钱，但是，公司赚到钱之后，老板并没有给这名员工提成。这名员工也没有表示什么，而是继续努力工作。

但是没过多久，就有一家大公司用高薪把这名员工“挖”走了。而原来的那家公司，因为失去了这位有能力的员工，公司的效益也是随之陡转直下，再也不复当时的光彩了。

西蒙·波娃说：“不可过分追逐金钱，金钱本身给你带来不了什么；追逐金钱，会给人一种为了活着而活着的感觉。为活着而活着是一种原始的生活，是文明的现代人所不能容忍的。”金钱固然重要，但是它并不是全部，我们的前途是要在职场中去实现价值。虽说金钱是对我们努力工作的一种肯定，但是这种肯定并不是我们工作的全部。

人生是一个不断学习的过程，职场是一所和大学完全不同的学习场所，想要在职场中站稳脚跟，就应该先考虑到万事开头难，不要太过于计较，你要做的，只有放低姿态，找到适合自己发展、有学习机会的工作，这样，你才能不断积蓄力量，才能够真正做到厚积薄发。

人都希望自己能够变得强大，都想要让自己过上幸福美好的生活，但是金钱的重要性要看恰当的时间地点。调整好心态，把金钱看得淡一些，我们才能把目光放得长远一些，想要取得成功，就应该学会舍弃一些不必要的东西，这样，我们才能轻装上阵。

金钱不是我们生活的唯一目标，如果过度追求，只会给我们的心理造成很大压力，只会让我们每天围着金钱转，根本无暇去顾及其他东西，久而久之，我们的身心就会处于亚健康状态。

有人曾经戏谑地调侃说："上半辈子命换钱，下半辈子钱换命。"这显然是非常不足取的，身体是我们自己的，我们要做的，就是做好自己，工作中，我们必须要调整好心态，然后专心去学习、去完善，等到我们积蓄了足够多的能力，高薪也就自然来到了。

懂得感恩会收获更多机会

感恩是对自己负责，也是对公司负责。

人们常说，马有垂缰之意，狗有湿草之恩。这说的就是感恩，我们既然来到公司工作，就应该学会感恩，毕竟公司为你提供了一个展现才能的舞台。既然公司选择了聘用你，就说明公司老板认可了你的能力，他愿意为你提供一个舞台，让你在上面尽全力去演出。

有些职场员工常常会抱怨："千里马常有，而伯乐不常有。"但现在呢？

既然你已经在工作了，已经有了稳定的工作场所，就应该学会感恩。调整好心态，用心去看一看，我们就会发现，我们生命中的伯乐是谁？是公司为我们带来了一片崭新的天空，让我们去任意翱翔。而我们要做的就是展现出自己的能力，不要辜负领导对我们的知遇之恩。

在感恩节这一天，西方某国有一位先生垂头丧气地来到教堂。他在牧师身边坐了下来，开始诉说自己的苦难：“每个人都说感恩节要感恩，但是现在的我饥寒交迫，为什么还需要感恩呢？我已经失业一年多了，找工作也找了半年多，但是却没有人用我，你说，我还要感恩什么呢？”

牧师对这位先生的牢骚未加评论，而是问他：“你真的一无所有吗？其实，你拥有很多！好吧，我给你一张纸和一支笔，你把我们两人的问答都记录下来。”

牧师问这位先生：“你有妻子吗？”

他回答说：“我有妻子，但是她说我太贫穷了，就离开了我。但是我知道，她仍然爱着我。我一想到她还爱着我，我心里的愧疚就又加深了一层。”

牧师又问道：“你有孩子吗？”

他回答说：“我有5个可爱的孩子，虽然我不能给他们提供好的生活环境和教育，但是他们都非常听话、都很努力。”

牧师看着这位先生，接着问道：“你的胃口好吗？”

他很高兴地回答：“我胃口非常棒，虽然我没有什么钱，但是我总会最大限度地满足自己的胃口，每天吃饭的时候，我都会非常高兴。”

牧师又问他：“你的睡眠好吗？”

他答道：“我的睡眠很好，每天都是一觉睡到天亮。”

牧师又问：“你有朋友吗？”

他回答道：“我有朋友，而且非常好，在我失业这段时间里，他们给了我无微不至的关怀，而我却没有什么可以报答他们，这让我深以为憾。”

牧师继续问他：“你的视力怎么样?”

他回答道：“我的视力非常棒，就算是很远的东西，也能一下子看清楚。”

等到这几个问题都问完了之后，这位先生的纸上就出现了6条信息：我有一个好妻子、我有5个好孩子、我有好胃口、我有好睡眠、我有很多好朋友、我有好视力。

牧师听他读完之后，就说：“祝贺你！你拥有这么多美好的事物，还有什么悲哀的呢？你回去吧！记得要学会感恩!”

这位先生如梦方醒……

感恩是对自己负责，也是对公司负责。一撇一捺方为人，我们都是有感情的动物。既然公司已经认可了我们，我们还有什么理由不去发光发热呢？人要学会知足，既然有人认可，我们就要让他的认可变得有价值。公司是一个集体，我们要和公司联系到一起，要真正做到一荣俱荣、一损俱损，这样，我们才能在公司为我们提供的这个舞台上展现出自己与众不同的一面。学会感恩，我们的情感才会焕发出来，我们的潜能才会激发出来，我们才能越走越远。

常怀感恩的心，会让我们变得更加温顺，让我们在工作中变得更有激情。人生中最关键的只有几步，更多的时候，看的不是你的能力，而是你的选择。选择正确的公司，选择正确的老板，我们的心态就会自然好起来，而我们的能力也会随之源源不断地展现出来。

微笑的力量

微笑传递的是一种心情、文明和积极的人生态度。

当你对别人微笑的时候，全世界都会对你微笑。著名哲学家苏格拉底说过：“在这个世界上，除了空气、水、阳光和微笑，我们还需要其他什么吗?”微笑的力量是伟大的，微笑是人类最伟大的表情，真诚的微笑是人生的新起点，它可以给人一种亲切感，拉近人与人之间的距离，能够调节人际关系，让社会变得更加和谐。

优秀员工应该具备阳光的心态，只有心里充满阳光的人，才能看到现实阳光的明媚，只有心里有笑容的人，才能在嘴角洋溢起最甜美的笑容。微笑不仅能让别人感觉到你的心情，更能给人一种亲切感。现代心理学研究发现，微笑所能传递的信息量非常大，它可以传递欣赏、认可、鼓励、认同等众多情感信息，它可以实现人与人之间心与心的交流。

在一座小镇上有一个富翁，家有亿万家财，虽然很富有，但是他并不快乐。

有一天，富翁非常悲伤地走在路上，这时候，旁边走过来一个小女孩。小女孩非常认真地看着富翁，并且给了他一个非常甜美的微笑。富翁看着天真的孩子，他仿佛被闪电击中了，他明白了，快乐其实很简单，只要自己能像小女孩那样微笑就可以了。

第二天，富翁就准备出发了，他要去寻找自己的快乐，走之前，富翁给了小女孩一笔巨款作为她微笑的答谢。

小镇上的人都非常奇怪，就问小女孩为什么富翁会给她这么大的一笔巨款。

小女孩微微一笑："我什么都没有做，我只是对他微笑了一下。"

伸手不打笑脸人，任何时候，没有人会对一个微笑的人伸出残酷的手。多去微笑，不仅会感染别人，更会感染自己。职场中，没有任何一个人会讨厌一个喜欢微笑的同事。在紧张忙碌的工作之余，大家都喜欢用微笑来排解一天的忙碌。更多的时候，我们需要的就是这种简单的微笑，让洁白的牙齿和阳光来一次亲密接触。

成功励志学家卡耐基说过："笑容能照亮所有看到它的人，像穿过乌云的太阳，带给人们温暖。"微笑是世界上通用的语言，当你微笑时，全世界都会向你微笑。微笑可以传递一种心情、一种文明、一种积极的人生态度。让我们尽情微笑吧！其实世界很美好，只要你微笑，世界都会装进你的笑容里。职场中需要的就是这种乐观向上的精神，只要你微笑，你的工作、你的事业将会全部装进你的微笑里。

威廉·史坦哈是一个很少微笑的人，尽管他已经结婚18年了，但是他对自己的太太都不怎么微笑，有时候只是不掺杂任何感情地说几句话，对待同事也是如此，威廉·史坦哈成为公司里最孤独的一个人。

很长的一段时间里，威廉·史坦哈还是没有任何改变，在一次公司培训中，公司领导要求他以微笑的经验开始一段演讲，从这时开始，威廉·史坦哈决定自己应该试着去微笑了。

此后，威廉·史坦哈在上班的途中，不管碰见谁，都是微笑着说声“早安”。威廉·史坦哈很快就发现，他微笑对人的时候，别人也会微笑对他。有的人心里满腹牢骚，和威廉·史坦哈有一搭没一搭地发牢骚，威廉·史坦哈总是以微笑应对，对方的牢骚很快就发泄完了，并且把问题解决了。

经过一个星期的试验，威廉·史坦哈发现，微笑不仅能给身边的人带来好心情，更能给自己带来更多的收益。

以前，威廉·史坦哈和另外一个经纪人共用一间办公室。

有一次，威廉·史坦哈碰见了对方的一个职员，和他说起了微笑带来的效果和自己的一点感受。

职员说：“以前碰见您的时候，您总是摆出一副很严肃的表情，我们都不敢接近您，但是现在，我看到的是您的笑容，我彻底改变了对您的看法，当您微笑的时候，我感觉到了一种有感而发的快乐。”

微笑是一门很好的语言，它可以传递认可、赞美、鼓励等信息，可以给别人一个非常好的第一印象。经常对别人微笑，别人就会注意到你，就会被你的微笑感染。微笑有巨大的魔力，它可以让一个人由内向变成外向，它可以为一个人带来人脉，甚至财富。

微笑可以传递一种人性关怀，可以和“真、善、美”相媲美，如果你不去微笑，就会让别人感觉你和他存在隔阂，对你失去兴趣。微笑可以拉近两个人心灵的距离，就算两个人素不相识，只是萍水相逢，只要你微笑，对方就会被你的真诚所打动，和你做朋友。

职场中的我们，又何尝不是如此呢？当你微笑的时候，谁又会忍心去拒绝呢？微笑像是春风我们可以感觉到它的生命力，春风可以唤醒万物，可以驱走严寒，带来温暖。微笑也可以给我们带来心灵上的温暖。微笑是很简单的一个表情，不需要你付出金钱，更不需要你付出多么大的精力，但是微笑却能收到非常好的效果、收获良好的人际关系和愉悦的心情。

紧张忙碌之余，常带微笑，紧张的情绪就会一扫而空，取而代之的将会是一种对美好生活的向往。微笑可以让我们的人生更有质感，可以让我们身边的人全都沉浸在我们的微笑之中。微笑可以让我们的心态变得积极向上起来，可以让我们有一种如沐春风的感觉，可以让我们烦琐的工作变得简单起来，还等什么，绽放你的微笑吧！

第6堂课

高度的责任感 打磨优秀的员工

所谓“一屋不扫何以扫天下”，从古至今，凡是优秀的人才都拥有高度的责任感。一个有责任感的企业不缺少有责任心的员工，更不会缺少优秀的员工。

爱岗敬业是最基础的责任感

对工作负责是每一个员工应有的品质。

一位著名演员曾经说过："心安就是在一个人所生活的世界与他内心的世界之间创造的一种一致性。"而要想真正达到心安，就必须做到敬业，因为唯有敬业才能够实现这种一致性。

但凡优秀的员工，他们身上都会具备一种品质，那就是敬业，无论何时，他们都能够竭尽全力地将自己的工作做好，对自己的工作负责。作为企业的员工，如果不能认真对待自己的工作，凡事马马虎虎、模棱两可，那他就称不上是一个优秀的员工，要想在职场中长久立足也是不可能的。

华硕刚刚从美国读完MBA回国，凭借自身优越的条件，在上海找了一家外资企业上班。华硕刚刚进入公司的时候，由于自身没有太多的工作经验，老板也不可能将一些重要的工作交给华硕去做，于是老板就经常把一些工作中的琐事交给他处理。对此，华硕非常生气，认为自己是大材小用，那些小事对他来说简直就是小菜一碟。所以，华硕在做那些鸡毛蒜皮的事情的时候总是心不在焉，心里却还希望老板能够看重自己，给自己干大事的机会。

不久，公司举行了一次计划书的招标会，对此，华硕仿佛看到了希望，看到了自己成功的那一刻。于是，华硕便匆匆忙忙把自己准备好的材料交了上去，满心欢喜地等待着老板的赏识和重用。然而，华硕以往的心不在焉在这里得到了“回报”，几天后，华硕收到公司人事部的解聘通知书，理由是：平时对那些小的事情毫不在乎，不能认真对待自己的工作；而且在计划书中把“进口”误写成了“出口”。

华硕之所以被解聘，是因为他没有做到敬业，没有认真对待自己的工作。大家都知道，企业要谋发展，而这样的员工在老板的心中会留下不负责任的印象，没有哪个老板会聘用这样的员工。只有具备责任心的员工才可能得到领导的重用，才可能在职业生涯中“永葆青春”。

在生活和工作中，我们要明白，身为父母，养育子女是我们的责任；身为医生，救死扶伤是我们的责任；身为教师，教书育人是我们的责任……而作为一名员工，尊重自己的工作、认真做好工作就是我们的责任。要想做一名优秀的员工，我们就必须做到敬业，并承担自己的责任。

阿健是一家公司保卫处执勤点的队长。他平时工作非常认真，对自己的工作也非常负责，只要有车辆过来，他总是身先士卒，毫不犹豫地带头在车厢里仔细地检查，认真地核对每一笔货物的数量。

阿健从来不在意每天要吸多少灰尘，也不在意自己每天留了多少汗水，因为他认为凡事要做就做到最好，尤其是自己的工作。但是，让阿健无法忍受的是，在付出了这么多后，自己换来的竟然是别人的冷嘲热讽和不尊重。他每次在检查完车辆的时候，总会听到别人这样的议论：“不就是个看大门的吗？干吗一点儿都不懂得灵活，头脑真是太简单了。累成这样真是活该。”

虽然别人的议论让阿建非常伤心，但是，他依然坚持对自己的工作负责。他经常这样对别人说：“既然我做这份工作，我就一定要做好，只要我在这里站岗，我就会对我的工作负责，如果连这点责任都承担不了，那我还能做什么？”

阿健就是凭着这样的信念，使公司每年几十亿的物资出入没有出过半点差错，查获不法分子偷盗现象无数次，为公司避免了巨额的经济损失，使公司物资财产安全得到了很好的保障。阿健就是用这种对公司、对工作负责的态度赢得了领导的赏识，并获得了最佳员工奖。

就像其他人议论阿健时说的一样，门卫完全可以睁只眼闭只眼，不仅自己不用这么辛苦，在别人眼中也会落个大好人。但是，阿健并没有那样做，在他看来，那是不负责任的表现。阿健正是以自己对工作的负责态度，坚守住了自己的岗位，得到了领导的重视。

微软创始人比尔·盖茨曾经说过：“对工作负责是每一个员工应有的品质，即使你的职位再渺小、工作再平凡，只要你决定上岗，就对自己的工作有不可推卸的责任。”比尔·盖茨还表示，唯有具备高度的责任感，才能够在工作中勇敢地承担起自己的责任，把工作中的每一个环节都努力做到完美，这样的员工才是一名真正优秀的员工。

我们要时刻明白自己的责任、尊重自己的工作，只有这样，我们才能够在愉快工作的同时提升自己的能力，实现自身的价值，将自己打造成一流的优秀员工。

节约资源是最有爱的责任感

企业与员工是利益的共同体，你的节约其实也是为自己。

身在职场，我们经常看到这种现象，有些员工认为公司实力雄厚、赢利能力很强，认为“家大业大，浪费点没什么”；还有的员工则始终抱着“事不关己，高高挂起”的心态，抱着无所谓的态度去工作。殊不知，他们的行为不仅会给自己，更会给公司带来很大的损失，他们身上缺少的不仅仅是为公司节约成本的意识，更缺少的是对工作的责任心。

一个真正有责任心的员工，无论他做什么事情，都会首先从老板的角度去思考问题，抱着老板的心态做事，处处为企业的利益着想，事事为老板省钱，切实降低经营的成本。也只有这样的员工才能够得到领导的赏识和重用，因为他们明白，一个懂得精打细算、为公司省钱的“持家型”员工才是一名优秀的员工，才能够为公司减少不必要的开支。

那些尽职尽责的优秀员工之所以时时为公司考虑，就是因为他们明白，企业与员工之间是利益上的共同体，企业兴则员工兴，企业衰则员工衰，两者相辅相成，不可分割。只有员工精打细算，使企业获得更大的价值和更多的利润时，员工才可能从企业那里获得更高的回报和鼓励。

所以身在职场，我们要懂得为公司考虑，学会精打细算，处处用心，从节约一滴水、一度电、一张纸、一滴油做起。

世界著名的汽车制造商——日本丰田公司称为业界的“抠门”企业，但就因为它的“抠门”才使其走出了一条独一无二的“经济型”发展道路。在日本丰田公司，精打细算的事例比比皆是、数不胜数。

在丰田公司内部，流传着这样一个故事：一位设计师在设计汽车门把手的时候发现，传统的汽车门把手零件太多，最终就会增加采购成本。于是，他就在传统的基础上对门把手进行了重新设计，将零件从34个减少至5个。这样一来，采购成本就减少了2/5，安装时间也节省了3/4，不但为企业节省了成本，还超越了传统，大大地提高了产品的竞争力。

很多人都知道，每个公司都会有很多内部往来信件，丰田也不例外，但它同样采取了“抠门”的策略，擅自“淘汰”了市场流通的信封，改用崭新的白纸自制成的信封。照常理说，这就够“抠门”的了，可是秘书科的一位员工更“抠门”，他建议用已经用过的废纸代替崭新的白纸来做信封。但是，这位员工的极度“抠门”一年就为公司节约了10万日元的开支，这名员工最后被提拔为财务部部长。

丰田公司还有一位专管卫生的员工，他在仔细地观察了公司所有卫生间的抽水马桶后，得出了这样一个鲜为人知的结论：抽水马桶用水太浪费。他在每一个抽水马桶的贮水箱里放进3块砖头，出奇制胜地减少了出水量。

每年，丰田公司都会举办盛大的体育比赛，这个时候就需要雇人来做赛前准备。这时公司内部的员工又想：“若雇人来画跑道白线则要花费170万日元，还不如员工亲自上场，以此来省去不必要的开销。”于是，员工们纷纷主动承担起运动会跑道画线的任务，将170万日元节省了下来。

丰田公司讲求的就是处处用心，在工作的每一个细节中做到精打细算。这些精打细算的行为，虽然看似微不足道，但日积月累，量变就会产生质变，节省费用的数目也是非常可观的。

公司企业就是我们每天赖以生存的家庭，只有把这里当家，我们才能处处为公司考虑，才能想到自己的责任，才会想到为公司节约资源。只有这样，我们才能在职场道路中越走越远。优秀员工之所以优秀，首先就是因为他们拥有好的心态、好的思想，正因为此，他们才会沿着自己设定的职场轨迹，坚定不移地走下去。

比老板更投入是最有前途的责任感

想当将军的士兵是一名好士兵。

工作中，我们经常会发现：有些早出晚归的员工他们对待工作的态度不认真；那些忙忙碌碌的员工最后却没有完成自己的工作；每天按时打卡、上班从不迟到的员工却被批评没有责任心。从表面上来看，这些员工都属于遵守纪律、循规蹈矩的员工，但他们却缺少了对工作的热情和责任感。在他们的眼中，每天的工作可能就是一种负担，工作的过程中也总想敷衍了事，“当一天和尚撞一天钟”。

美国钢铁大王卡内基曾经说过：“无论在什么地方工作、做什么，都不应该只把自己当作为公司创造利润的员工，而应该把自己当成公司的老板，这样的员工才是优秀的员工。”

一名有责任心的员工，一名优秀的员工，他懂得“一荣俱荣，一损俱损”的道理。无论走到哪里，他都会全身心地融入公司，奉献自己的忠诚和责任，甚至比老板还要投入地工作，不断地打造自己，直到成为一名优秀的、有责任心的员工。

小李和他弟弟在广州的一个码头上工作，他们主要负责给一家工厂缝补篷布。小李年长，能吃苦耐劳，工作兢兢业业，从来没有抱怨过。每当他看到其他员工随手丢的碎布时，他总会捡起来，进行二次利用，或者当废品卖掉，把钱放入公司的募捐箱。对此很多人总跟他开玩笑：“小李，今天捡了多少布？你为公司多赚多少钱啊？”对此小李从不理会，他只是感觉应该为工厂考虑。

一天夜里，所有的员工都沉睡在美梦中，天空突然电闪雷鸣，刮起了大风，下起了大雨。小李被雨声惊醒了，拿起手电筒就冲进了风雨中，这时候弟弟劝他：“你傻啊，公司又不是咱们的，你管那些干吗？赶紧睡觉吧。”小李不理会弟弟，他查看了一个又一个篷布，并逐个进行加固。

这时候，老板也过来了，看到有一个被雨水打湿的人影在加固篷布，于是就问是谁，最后才知道原来是一个普通员工。小李的这一举动保住了工厂的货物，老板非常感动，最后决定给小李加薪升职。

小李的弟弟听说哥哥要升职，于是就跑去找小李：“哥，你都升职了，给我个好点儿的工作做吧，这份工作太累了。”小李一口否决：“你的责任心不够，不行，你不会把工厂的事情当成自己的事情。”小李的弟弟听到这些话气急败坏地骂道：“还是亲兄弟呢？太没有良心了。”最后小李说道：“要知道，只有把工厂的事情当自己的事情，用老板的心态来面对工作，你才能够把工作做好，才称得上有良心。”

3年时间里，小李一再升职，最后成了这家公司的董事长，而他的弟弟却还在那个码头上缝补篷布。

每一位企业老板都希望自己的员工能够像小李一样，把自己的工作当成事业，把公司当成自己的公司。每一名优秀的员工都会将自己的工作当作自己的事业一样，在工作过程中尽职尽责，他们每天都会反省自己：我今天是否付出了全部的精力和智慧，我对今天的工作满意吗？

正是这样的问题让他们不断地查缺补漏、提升自己，成为一名真正优秀的员工。当他们正考虑一项困难的决策，或者为某件自己不喜欢的事情找逃避的借口时，他们总会很严肃地问自己："如果我是这家公司的老板，我还会逃避这些困难吗？"最终他们都会很负责任地勇敢面对。

某一年圣诞节，集团里所有的员工都陆陆续续离开公司，回家过圣诞节了，但王旭却始终没有离开。老板回公司时看见有人在车间的场地上，便上前问："你是谁？怎么没有回家和家人一起过圣诞节？在公司干什么？"他并不认识老板，于是防贼似地反问："我是这家公司里的员工，你是谁？我们公司放假了，请你马上离开这里。"

老板对此很震惊："我是这家公司的老板，你为什么还没有离开？"王旭这时不知所措，为刚才的无礼深感抱歉，最后王旭说出了自己没有离开的原因。原来在员工陆续离开之后，王旭发现公司有一批货物没有放入库房，因为不放心，所以决定留下来看守。

对此老板不解地问："那你为何不打电话告诉相关部门的工作人员呢？让他们来做这件事情就可以了。"他说："我想，人都已经走了，再打电话让他们回来把这些货物搬到库房，圣诞节都已经过去了啊！倒不如我自己一个人不过节，让他们开开心心地过。"

这件事情让王旭在老板的心中留下了深刻的印象：一个员工对自己职

责外的事情都可以这么负责，可见他是一个很忠诚且富有责任心的年轻人，定可以委以重任。

于是，圣诞节后，王旭被提升为公司后勤主管。

作为员工，你是工作的直接执行者，你要时刻记住这是属于你的责任，这是你每天必须要完成的责任。既然我们每个月都能拿到报酬，我们就应该认真地问问自己，自己的工作是否对得起这份报酬？而只有这样，时时鞭策自己，我们才能做好自己，比老板更投入地工作，我们才能成为真正的优秀员工。

拒绝拖延症是最自律的责任感

拖延症其实是缺乏自律的借口。

不要去找借口就意味着不会去拖延，很多时候，人们的失败并不是因为他们多么蠢笨，更多的是因为他们的懒惰、拖延，总是为自己的失败找借口。习惯一旦成为自然，产生了惯性的懈怠心理，总是会想“明日复明日”，但是明天又有新的任务要做，“今日事今日毕”才是我们必须坚守的至理名言。

1861年，美国开始了内战，但是美国总统林肯却为了寻找一名合适的指挥官而非常头疼，林肯筛选指挥官有自己的标准，就是要100%地执行他的命令，不为拖延找借口。

格兰特从西点军校的毕业生到林肯钦点的指挥官，他的仕途可谓是平步青云，格兰特在战争中总是被委以重任，而他也总能不负众望，能够快而有效地完成任务。

每一次，格兰特将军赢得战争胜利之后，就会有很多人问他取胜的秘籍。到了最后，格兰特成为了美国的总统。有一次，他回到母校视察，一名西点军校的学生就问格兰特："总统先生，请问您是被西点军校什么精神鼓舞着，促使您一直勇往直前?"

格兰特淡淡地回答道："不拖延，因为没有任何借口。"

学生继续问："那如果您在战争中失败了，您肯定要为您的失败找一个借口，那时，您应该怎么做?"

格兰特笑笑："我唯一的借口就是没有任何借口。"

没有借口就是不去解释、不去找理由，全力以赴地去完成任务，就算力有不逮，只要坚持，任务就会被完成。

战争中，这是铁一般的纪律。战争只有两种结果：要么取胜，要么战败。总是为自己找借口的人，肯定是失败的士兵；总是为自己开脱的人，一定会被敌人所消灭。成王败寇，如果你失败了，不管你找什么样的借口，也改变不了悲惨的结果，再完美的借口也无法掩盖失败的事实。

不要去等待奇迹，如果想要走向成功，现在就要起程。对于职场中的每个人来说，每天都是一个新的开始，如果我们总是把今天的工作推给明天、明天的工作推给后天，我们的内心就会被这种消极情绪所占领，就会认为，每天好好工作也是一天，不好好工作也是一天，为什么不让自己轻松一点呢?

机不可失，时不再来。优秀员工每时每刻都在积极准备，他们知道，也许这一秒不努力，那么，下一秒就有可能失去一个创造奇迹的机会。反观拖延心理，不仅会让你失去对工作的积极性，更会让你与机会擦肩而过。人生不在于你拥有了什么，而在于你在追求什么，身体力行远胜于高谈阔论，与其滔滔不绝地去说，不如自己脚踏实地地去做。工作中的每一个环节不是说出来的，而是做出来的，人生的道路也是如此，更需要我们一步一个脚印地去走，这样的人生才会变得精彩、才会变得有意义。

一分耕耘一分收获。职场中需要我们少说话、多做事。借口是拖延的温床，我们不要为自己找借口，“这件事可以缓一缓”、“这件事明天再做吧”……诸如此类的话，就是拖延的具体表现。如果你办事拖延，就会浪费掉大把大把的宝贵时间，再多的借口也解决不了实际问题。身体力行地去工作，这样才会让你的压力转化为动力，焕发激情，努力上进。

甲和乙是一家公司的两名员工。周一开会的时候，例会已经过去了一半，甲才走了进来。领导正说得逸兴遄飞，看见甲走了进来，于是就问他：“你怎么又迟到了?”

甲不慌不忙地说：“路上堵车了，我等了半天，道路才畅通。”

甲的理由充分，领导也没有办法，只得让他进来。甲刚坐下，心里就窃喜：“如果我说起晚了，领导肯定会非常生气，幸好我机智，找了一个这么好的理由。”

领导继续开会，问乙：“你的销售回款表怎么还没有交上来?”

乙本来想利用周末时间把销售回款表做出来，但是没想到女朋友拉着他逛街约会，就把这件事给忘了。现在，乙正在紧张忙碌着，希望能尽快把销售回款表做完，但是做到现在还是没有完成。

领导问完，乙条件反射地说：“就快做完了!”

领导非常生气：“就快做完了是什么意思？不是让你周五下午做完吗？

我不是说了，周一例会我要用吗!”

乙畏畏缩缩地说：“我也不是故意的……谁知道周末家里断网了……”

领导打断了他：“我不想听你的借口，上次是停电，这次是断网，下次是不是就该断粮了?”

公司有公司的规矩，谁也不能无视。如果工作没有按时完成就要勇于承认，这样就不会助长自己的拖延心理，下次才能按时完成工作，如果一旦为拖延找到借口，就会滋生侥幸心理，一次没事就会认为第二次也肯定没事，长此以往，你的惰性心理就会非常强烈，很难纠正过来了。

公司里面不仅有合作，还有竞争，如果你每次都是敷衍了事的话，今天差一点，明天就会差一大截，长此以往，你的工作就非常不称职了。我们不能让这种拖延的心理滋生，这样的心理只会让我们浪费掉大量的宝贵时间，而且还会衍生出侥幸、惰性等消极心理。等到最后，你就会被公司的竞争大潮所吞没，成为拖延的牺牲品。

著名作家塞万提斯曾经说过：“如果我们每天荒疏一点点，最后的结果将是一事无成。”今天轻松过去了，明天也会如此浑浑噩噩过去，如此下去，没有尽头，你不仅不会得到提高，反而会成为失败的典型，贻笑大方。

拖延是消极怠工的开始，为拖延找借口是对自己的不负责任，更是对公司的不负责任，我们要做的就是尽全力做好自己，及时认真地完成工作，只有这样，我们才能养成自律的好心态，才能在职场中闯出属于自己的一片新天地。

热情是最执着的责任感

热忱的工作态度是优秀员工的座右铭。

美国著名励志大师卡耐基曾经说过：“一个人成功的因素有很多，但是排在这些因素榜首的就是热忱。”热忱是我们发自内心的呼唤，充满了强大的动力与激情，它可以让我们的吸引力充盈到我们全身上下。热忱还是我们人性光辉的一个具体体现，它可以让我们的精神特质发挥得更全面、更透彻。

奥地利作家斯蒂芬·茨威格年轻时，曾在巴黎拜访著名的雕塑家罗丹。当他走进罗丹的工作室时，看到里面有不少已完成的雕像，也有部分制作到一半的雕像，还有不少塑像的样品，有胳膊、有手或者仅仅是一个手指节。

罗丹穿上粗布工作服，带着茨威格在一个台架前停下，说：“这是我近日来的作品。”说完，他揭开苦布，茨威格看到一座女正身像。

罗丹仔细端详着自己的作品，不久后便低声地说：“肩膀上的线条太粗了，不好意思。”然后，他拿起刮刀轻轻刮着雕像上的黏土，以便使肌肉显现一种更柔美的光泽。“这里也不太好……”他又修改了一下。然后，他把台架转过来，专注地继续修正作品。

由于罗丹专注于工作，他的眼睛里流露出喜悦和满意的神情，没过多久，他又紧锁眉头……正因为罗丹陶醉于其中，他的脸上才会显现出各种情绪的变化。他捏好小块的黏土，黏上，又刮开一些。就这样，几个小时过去了，其间他没有对茨威格说过一句话。最后，罗丹舒缓地呼出一口气，扔下刮刀，轻轻地将苫布盖上了女正身像。他转身要离开的时候，看到了茨威格。他好像突然记起了什么：“哦，天哪！真对不起，先生，我竟然把你忘记了，可是你知道……”

茨威格当然知道，罗丹是太投入了，他忘记了一切，他把所有的精力都放在工作上了。

茨威格回忆起这段故事的时候，说：“我紧紧地握着他的手，为他的失礼而感激。我亲眼看到了一个人全然忘记时间、地方而忘我地工作，再没有什么比这更令人感动的了。我终于知道，一切事业成功的奥秘就是在工作中倾注热忱和专心。一个人一定要能够把他自己完全沉浸在他的工作中，不管是大事还是小事，都应该集中精力，把易于驱散的意志贯注在这件事情中。”

这一次拜访，让茨威格发生了根本性的改变，他知道自己所缺少的正是罗丹对待工作的那种激情、专注和执着。

热忱是一种工作态度，对于初涉职场的大学生来说，他们会认为能力是最重要的，但是这只是在短期，等到时间一长，如果他们没有热忱的态度，就会逐渐对工作失去信心。热忱是保持工作激情的最好药剂，就算我们工作时间再长，也不会丧失掉对工作的热忱。

热忱的背面是懈怠，更多的时候，我们一些人的工作热情只能维持几个月，等到几个月之后，我们就会对不断重复的工作失去耐心，进而就会产生懈怠心理，丧失掉对工作本应有的热情。

威廉是一名著名的表演大师，在表演之前，他的弟子告诉他，他的鞋带松了，威廉微笑地表示感谢，俯下身把鞋带仔细系好，等到弟子转身离开之后，威廉又把自己系好的鞋带弄松。

旁边有一个人看到了这件事的全过程，就问他："大师，您的鞋带不是系好了吗？怎么又把它弄松了呢？"

威廉回答说："这次我要饰演的是一位旅行者，而这位旅行者因为长途跋涉，所以鞋带就自然松开了。"

那人继续问："您为什么不直接和弟子说呢？告诉他，您鞋带松了不是因为疏忽，而是因为您要出演角色的关系。"

威廉说："我弟子对我观察非常仔细，发现我鞋带松了，并且善意地提醒我，我一定要保护好他的这种热情积极性，让他知道保持这种热情非常重要。想要给他解释，不一定要现在说，下一次见面再说也是可以的。"

无独有偶，有一家理财杂志社派了一名摄影师到一位理财专家的家中拍照。

摄影师非常忙碌，一会儿要打光，一会儿又要求理财专家调整姿势，一会儿又要更换位置……这样一来，使得理财专家非常厌烦，不由大声说："你到底会不会拍照啊？能不能快一点？你要知道，我的时间是非常有限的。"

专家说完，摄影师依旧我行我素，仍然在有条不紊地工作，直到暮色降临之时，他才拍出最满意的照片。而在这期间，理财专家表现得非常配合。

等到事后，有人问专家，为什么他能如此容忍一名摄影师占用他的宝贵时间呢？

理财专家说："我无法拒绝一位有热情、精益求精的人，他对自己的工作质量要求很高。如果他不能拍出令他满意的照片，他就会这样一直坚持下去的。他对工作的执着感动了我，我又怎会忍心拒绝他呢？"

对员工而言，热情就是生命，没有无法完成的工作，只有提不起热情的员工。我们要明白，我们对工作热情的维持最长不会超过3个月，就会产生厌烦心理，就会受不了这种机械性的重复。但是我们可以有热情，可以不断精益求精，我们对待工作不能应付，而是尽全力做到最好。

对工作充满热情，让自己的热情在工作中肆意燃烧，我们才能发现工作的乐趣与价值。想要让工作趋于完美，就应该尽全力发掘自己和工作之间的契合点，这样，我们才能把工作当成分内的事、当成乐趣，只有这样，我们才能一步一步向成功迈进。

对自己负责是最强大的责任感

认可工作、认可自己、认可同事，才能得到他人的认可。

工作是对自己负责，因为我们才是工作的执行者。我们手上的工作并不是一份差事、一份只需应付就能完成的差事，而是需要我们认真做好自己，在单调的工作中找到属于自己的闪光点。

有一个年轻人，自认为是世界上最有能力的人，但是毕业之后，年轻人应聘数次碰壁。他常常以“千里马”自许，却感叹“伯乐”难遇。经过一次次的伤心绝望，年轻人接受不了这样的打击，决定以死明志。于是，年轻人就来到了海边，打算在这里结束自己的生命。

正当年轻人准备投海自尽的时候，有一位老人从这里经过，看到了年轻人，并且把他拦了下来，问道：“你这么年轻，为什么要选择自杀啊?”

年轻人说：“我碌碌无为，空有一身技能，却得不到别人的认可，心灰意冷之下就想到了自杀。”

老人并未说话，而是从沙滩上捡起了一粒沙子，让年轻人看了看，然后就随手扔到了地上。老人说：“年轻人，请你帮我把刚才扔到地上的沙子捡起来。”

年轻人一脸的愕然，随即只是笑了笑：“这不可能，地上这么多沙子，我怎么知道哪一粒是你刚才扔的。”

老人只是笑笑，然后从怀里拿出一颗珍珠来，珍珠晶莹剔透，非常耀眼，和沙子一样，老人也是把珍珠信手扔到了地上，对年轻人说：“年轻人，你能不能帮我把珍珠捡起来呢?”

年轻人欣然答应了：“这当然可以了。”

老人继续说：“你现在应该知道是怎么回事了吧！如果你现在是一颗珍珠，你就不用苛求别人认可你；如果你需要得到别人的认可，就需要你继续变得强大，变成一颗珍珠才可以。”

我们要知道，我们只有自己认可手上的工作，才能在工作中展现出自己的最大能力。我们常常会想，工作这么琐碎、这么繁重，我们工作到底是为了什么呢？当然，一般人都有一个共同的目的，那就是赚钱、就是活着。当然，我们还有更高的追求，那就是在工作中不断实现自己的价值。人生是一条不断奔跑的道路，我们只有不断奔跑，才不会落后于别人。

人生需要自我肯定，如果我们认为自己不行，是很难把手上的工作做好的。认真对待工作，努力做好自己，我们才能在职场的道路上看到光明的未来。公司企业是由一个个具体的人构成的，这些人是公司企业赖以生存的根本。不断提升自己，让工作在自己手上散发出独特的魅力，我们才能说，我们是在为自己而工作。

阿鹏刚进公司时是在广告部。因为前任的遗留问题，公司其他业务部门都对这个职位的存在性颇有微词。在刚一进来时，就感觉到剑拔弩张的气氛，好像所有人都针对他似的。工作中，阿鹏做什么也都很少有人配合和响应，他因此也曾一度情绪低落。

但是阿鹏很快从心态上调整了自己，意识到既然大家在同一家公司共事，那么就是“一条船上的人”。从公司的角度出发，在外人看来，他和同事们都在一个大圈子里，那么就不能拿自己当外人。

于是他很快调整了沟通策略，既然别的部门不支持，说明自己的工作没有让其他部门受益。为了深入了解其他部门的利益点，他主动要求参加相关几个部门的周例会，及时调整了广告支持计划，让其他业务部门的同事都能感受到切实的利益。很快，大家对他的提案就不再无动于衷了。

成功地做成了几个案例后，阿鹏成了那些部门不可或缺的利益同盟军，很快就在核心业务部门得到了认可，而他自己，再也没有了人在圈外的感觉。

认可工作、认可自己、认可同事，就能得到他人的认可，就能为我们带来很多优势。人的一生需要的就是认可和肯定，这样，我们的自信心才会提升，我们对工作的责任感才会加强，想要取得成功，认可是不可或缺的。

认同感是我们与生俱来的一种情感，我们渴望被认同，而工作也希望得到我们的认同，正因为如此，我们才更需要让这种感觉加强，才更需要让自己努力去做。

很多时候，我们对待工作会有一种如履薄冰的感觉，但是越如此，就越需要我们提高自己的责任感。工作就是一种责任，是我们自己选择的一种责任，既然选择了，我们就应该认真努力地去做。未来就在脚下，怎么走还要看我们自己，做好自己、做好工作，你才能成为职场中的强者。

认真专注是最有收获的责任感

对工作的专注度体现的是一个人的工作态度。

2009年，林芳在获得心理学博士学位后不久，就留校任教了。念书时，她没有对职业生涯做过多考虑，但她凭着对校园生活的熟悉而惯性地认为自己应该喜欢教学，觉得教师这一职业也许会很适合自己。

实则不然。林芳没有想到，教师这一职业包含着很大一部分理论研究工作，而她在这方面并不擅长。“我就像方头钉碰到圆口孔。”她说。教了3年书，林芳最后承认自己并不适合做教师这份工作。

随后，她把工作中自己喜欢及厌恶的因素思考了一番：她尤其喜欢跟人打交道，于是，她决定在某公司人力资源部门寻觅职位。经过一年学习，加上花费一些时间提供免费咨询，她得到了一个初级人力资源管理的职位。6个月后，部门经理离职，她接替经理职位，并一路升迁。

在古希腊帕尔索山的一块石碑上，刻着这样一句箴言：“你要认识你自己。”卢梭称这一碑铭“比伦理学家们的一切巨著都更为重要、更为深奥”。认识自己之后，我们才能专一，才能发挥出自己的优势。记得和朋友说起“专一”这两个字的意思，朋友说：“专一不是一生只喜欢一个人，而是喜欢一个人的时候一心一意。”对工作专注也是如此，既然选择了这份工作，就应该全身心地投入，哪怕是再小的工作，我们也要尽全力把它做好。

其实，对工作的专注度体现的是一个人的工作态度，好的工作态度可以把一个人提升到一个新的高度。态度决定一切，一个人如果想要在工作中取得成就，就应该学会静下心来，让自己身体里的每一个细胞都为工作而服务。

专注的力量是巨大的，专注的效果往往又是出乎人们预料的。高度专注的工作态度会让我们将工作做得更好，高度专注的工作习惯可以让我们感受到工作中的乐趣。良好的心态和专注的工作态度会让我们热爱自己的岗位，把工作当作自己的事业，最终实现自己的人生价值。

每个人都对戴尔电脑不陌生，而其创始人迈克尔·戴尔的事迹更被誉为“商业典范”。可以说，正是凭借着他对工作的专注，才让戴尔成为了世界500强公司首脑中最年轻的一个。

戴尔年轻时，在奥斯汀市的得克萨斯大学读书。像大多数学生那样，他需要自己想办法赚零用钱。那时候，大学里人人都谈论个人电脑，但凡所有的人都想买一台，但由于售价太高，许多人买不起。

听着同学们的谈话，戴尔不由心想：其实电脑经销商的经营成本并不高，为什么要让他们赚那么厚的利润？为什么不由制造商直接卖给用户呢？

于是，戴尔开始对电脑市场进行考察。考察之后他发现：IBM是当时个人电脑品牌的龙头老大，可以说几乎垄断了整个市场。正因为如此，IBM公司规定经销商每月必须销售一定数额的个人电脑，而多数经销商都无法把货全部卖掉。他知道，如果存货积压太多，经销商会损失很大。

明白了这个规则，戴尔开始了自己的行动，他按成本价购得经销商的存货，然后在宿舍里加装配件、改进性能。顿时，这些经过改良的电脑十分受欢迎，很多同学都来找他。

戴尔见到市场需求量巨大，于是在当地刊登广告，以八五折的零售价推出他那些改装过的电脑。不久，许多商业机构、医生诊所和律师事务所都成了他的顾客。

尽管戴尔的生意越做越火，可是这却让他的父母很反感。有一次戴尔放假回家，他的父母表示担心他的学习成绩。“如果你想创业，等你获得学位之后再说吧。”父亲劝他说。

面对父亲，戴尔也不好说什么，于是只好暂且答应了下来。可是一回到奥斯汀，他就觉得如果听父亲的话，就是在放弃一个一生难遇的机会。

“我认为我绝不能错过这个机会。”一个月后，他又开始销售电脑，每月赚5万多美元。看到了如此巨大的财富，戴尔第一时间向父母坦白：“我决定退学，自己开办公司。”

“你的目标到底是什么？”父亲问道。

戴尔回答：“和IBM公司竞争。”

戴尔的话，让父母非常吃惊，一致认为他太好高骛远了。但无论他们怎样劝说，戴尔始终坚持己见。终于，他们达成了协议：他可以在暑假时期试办一家电脑公司，如果办得不成功，到9月他就要回学校去读书。

得到了父母的同意后，当时只有19岁的戴尔开始在电脑市场大展拳脚。他回奥斯汀后，拿出全部积蓄创办戴尔电脑公司。他以每月续约一次的方式租了一个只有一间房的办事处，雇用了第一位雇员——一名28岁的经理，负责处理财务和行政工作。在广告方面，他在一只空盒子底上画了戴尔电脑公司第一个广告的草图，朋友按草图重绘后拿到报馆去刊登。

结果，戴尔公司第一个月营业额便达到18万美元，第二个月为26.5万美元，不到一年，他便每月售出个人电脑1000台。积极推行直销、按客户的要求装配电脑、提供退货还钱以及对失灵电脑“保证次日登门修理”的服务举措，为戴尔公司赢得了广阔的市场。

戴尔对工作的专注，让戴尔在其他电脑厂商崛起前就奠定了品牌效应，进而使自己成功跻身到“全球首富圈”。如果他没有对工作的专注，又怎么敢违背父母的意愿，从事电脑行业呢？戴尔对工作有着无尽的热情，他知道自己在做什么，他知道自己会取得成功，正因为有这样的信心，有这样对工作的专注度，戴尔才会一次次地取得成功。

无论从事什么工作，都要用心去做，在工作中学会专注地做事，以一种敬业的精神对待自己的工作，无论是大的方向还是小的细节，都要给予同样的重视，争取把自己培养成一个适合岗位的人。就算是1%的事情，也要投入100%的专注，这样，我们才能为自己的工作创造更大的价值。

如果你不甘于在岗位上平庸，那你就要时刻鞭策自己：“无论从事何种工作，一定要全力以赴、一丝不苟。能做到这一点，就不会为自己的前途操心。

在一个企业里，如果我们真正专心地工作了，工作的成果能够体现出来，无论这个成果是大是小，是简单而重复地制造，还是高新技术的创新，老板都不会对这些成果视而不见的，久而久之，你专注工作的态度就能提升自己在老板心目中的地位，得到老板更多的肯定和信任，随之而来的是更好的职业发展空间。

即使在一个可能是微不足道的岗位上，对工作高度关注的态度同样会让你成为这个工作岗位的能手，长此以往，甚至会让你成为不可替代的员工，当你成为不可替代的员工的时候，说明你的工作水平已经达到了一定的境界，你所在的工作岗位已经不再是微不足道的了。

在主动提高自己的工作技能时，良好的心态也是十分重要的，要知道自己这样做的目的并不是为了获得金钱上的报酬，而是为了使自己更长久地发展。

高度的专注并不意味着辛苦和乏味，很多时候更是一种乐趣，当我们专注地投入到工作当中，尤其是工作的内容是我们的兴趣所在时，我们往往会情不自禁地痴迷于工作，这时所有的困难都会变得轻松起来，因为工作已经成为一种快乐和享受。

精益求精是最有潜力的责任感

工作中没有差不多，只有可以与不可以，好或者更好。

古希腊著名哲学家苏格拉底曾说：“人生最快乐的事，莫过于为梦想而奋斗。”既然选择了这份工作，就应该尽全力去做好，不然，当初为什么要选择这份工作？工作就是要精益求精、反复雕琢，这样，我们才能避免错误，把工作做好，我们才能在这种严格的要求中取得新的进步。

德国人是出了名的精益求精，这也是为什么德国人制造精密仪器的技术领先全球。在墙上钉一幅画，德国人通常会拿尺子量，以确定钉子的具体位置。但在我们有些人眼里，用尺子量显然是个笨办法，仅仅用目测就可以差不多弄好，为什么还要用尺子呢？

这种思想出现在实际工作中，就表现为马马虎虎、得过且过，对一些深入的问题懒得思考，对隐患不去避免，总觉得问题“差不多”解决了就行，就算能够做得更好也不会去做。

日本企业的严格是有名的，日本轿车更是以设计精确而著称。日本的轿车进入中国以后，随着市场的不断扩大，逐渐由整车进口发展到合作生产。就在这个过程中，两国的汽车企业也经过了一段技术上的磨合。

有些职场新人工作的时候，总是认为把工作做得差不多就可以了，但实际上，把工作做得差不多还远远不够。如果想让自己在工作中取得更大的成就，就要严格要求自己，要精益求精，尽量把工作做得完美。

完美是一个绝对的概念，也是一个相对的概念，绝对的完美不存在，但是相对的完美是我们能够达到的。每一次进步，相对进步之前就是完美的，之前的水平成为了“差不多”；每一次改正，相对改正前就是完美的，之前的错误就是“差不多”。追求完美实际上就是一个精益求精的过程。

艺术家在创作的时候，总是不断地修改自己的作品，直到达到心中完美的结果。工作的过程也是一个创作的过程，和艺术家创作的时候一样，都需要一种精益求精的精神。没有最好的，只有更好的。只有把脚下的每一步尽可能地走好，把自己岗位的工作做到位，才能不断地提高自己，事业才能取得长远的发展。

有这样一家木材公司，他们的经营项目是成批地进口木材，然后在国内市场批发销售或者零售。有一次，老板因为上了一个经销商的当，承接了一批以次充好的木材。这批木材的数量之多，几乎花费了公司的全部流动资金，因此，木材的销售情况直接关系到公司的生存和发展。

就在这笔生意谈判的过程中，这批木材的质量问题被公司的一个职员发现了。这个职员是木材加工专业的毕业生，他对木材的专业知识还是略懂一二的。但是他平时工作并不积极，将本职岗位的工作做得马马虎虎，和自己岗位没关系的事情干脆就不闻不问。

当他看到这批木材后，很快就发现了其中的问题。由于劣质木材中还有个别的好木材，当他看到有好木材，就把劣质木材给忽略了。“有点毛病就有点毛病吧，不是还有能用的吗？差不多就行了。”就这样，他选择了沉默。

这笔生意最后还是成交了，当木材公司将这批木材在国内销售的时候，才发现木材有严重的质量问题，结果几乎卖不出去。这次的损失让木材公司几乎倒闭。事情发生后，那个职员不仅没有及时地总结自己的问题，还在背后议论这件事：“其实，我早就发现这批木材有问题，可是里面还是有没问题的木材，我也没仔细数哪个多哪个少，反正有能用的，差不多就行了。”

这个职员的议论传到了老板耳朵里，老板非常气愤，虽然这次的损失不是由这个职员造成的，但是他完全有能力阻止这件事情的发生，身为公司的一员，避免公司受到损失应该是一件义不容辞的事情。这样一个做事不认真、干什么都马马虎虎的人，即使他在专业上很有能力，但是他的能力不能够为公司作出贡献，那么这些能力还有什么意义呢？因此，老板果断地解雇了他。

看过上面的例子，再看看我们周围的一些人，甚至想想我们自己过去做事的点点滴滴，是不是或多或少都能找到木材公司职员的影子？每个企业都存在这样的员工，他们每天按时打卡，准时出现在办公室，但是却没有及时完成工作；每天早出晚归、忙忙碌碌，却不愿意把工作做得精益求精。对他们来说，工作的目的就是“差不多”就行了。

追求完美是一个坚持不懈的过程，追求完美不能停留在口头上，我们首先应从自己做起、从现在做起，改掉“差不多”的毛病，努力把自己的本职工作做得比昨天更好，然后才能做到比别人更好。做事就要做到精益求精，把那种“差不多”的思想彻底地丢到垃圾桶，不要让这种思想耽误了目前的工作，更不能耽误将来的事业。

第 7 堂课

严格的自律
成就优秀的员工

不懂遵守法规的企业迟早会走入歧途，不懂遵守纪律的员工不仅会让人鄙视自己，也无法在成功的道路上获取更多发展机会。

懂得自律更能超越自我

慎独其实是最大的进步。

没有规矩，不成方圆。人生中，不管我们做什么事，都会有条条框框进行约束，不管是法律还是道德，这些都是我们应该客观遵守的。

当我们逾越规矩做事的时候，我们就应该想到，我们已经犯了一个错误，如果再去找理由的话，就会让自己的小错变成大错，就很难再取得想要的成功了。我们要做的就是细心谨慎做好手上的工作，完成上司布置下来的任务。公司领导总是会青睐那些尽职尽责、努力工作的员工，因为他们有自己的底线，他们知道，这是一份责任，是他们不得不履行的职责。想要取得一番成就，在不逾越规矩的基础上完成工作是最好的选择。

如果一名员工连自己都管理不好，他该拿什么来对自己的工作负责呢？更不要说让他去管理一个团队了。如果老板重用这样的人，只会让公司变得一团糟。我们身为职业人就应该知道，遵守纪律才能保证战斗力。遵守纪律，才能让我们看到光明的未来。

忠诚度与信任度成正比

没有对企业的忠诚，领导对他不能够100%的放心。

公司企业中，与能力相比，老板往往更看重的是一个员工的忠诚。忠诚就是一种纪律，它可以让老板看到一个人的忠诚。忠诚是我们每个人应该具备的基本品质，忠诚于自己的工作、忠诚于自己服务的公司、忠诚于领导，这是一名员工最主要的道德品质。

而那些不愿踏实工作的员工，工作的时候朝三暮四、视忠诚为无物。在公司老板的眼里，哪怕他有多么非凡的能力，哪怕他有如何令人钦佩的才华，老板都不会让他承担很大的责任，也不会把那些最重要的、涉及企业核心机密的任务委托给他，因为，他没有对工作的忠诚，没有对企业的忠诚，领导对他不能够100%的放心。

曾经有一个贵族，家里非常有钱，他雇用了很多仆人，家里的很多事情都交给仆人去做。有一次，这个贵族有事要出趟远门。出发之前，他把家里的3个仆人召集起来，准备给他们分配工作，根据每个仆人的才干，贵族给了他们不同数量的银币，让他们按照自己的方法去经营，等他回来以后根据每个人的经营情况论功行赏。

过了一段时间，贵族回来了，他把3个仆人叫到身边，询问他们各自的经营情况。第一个仆人说："主人，您交给我5000块银币，我用这些钱做了很多买卖，而且这些买卖都做得很成功，我已用它赚了5000块银币。”贵族听了很高兴，赞赏他说：“聪明的仆人，你很有商业头脑，这么会赚钱，以后我要交给你更多的钱，让你做更大的买卖。”

第二个仆人接着说：“主人，您交给我2000块银币，我把这些钱作为高利贷借给了别人，等到收回来以后，我已用它赚了1000块银币。”贵族也很高兴，赞赏这个仆人说：“能干的仆人，你的能力也很好，以后我要把更多的事情交给你做。”

轮到第三个仆人汇报了，只见他打开包得整整齐齐的手绢，恭恭敬敬地对贵族说：“尊敬的主人，您交给我的1000块银币都在这里，一块也没有少。您走以后，我把它埋在地里，等您回来了，我又把它挖了出来。”

贵族听了第三个仆人的汇报以后长出了一口气：“我忠诚的仆人，我知道你没有他们两个的聪明才智，没有让财富增值，但是你把我交给你的银币保管得很好，一块银币都没有少，这说明你对我很忠心，不会用我的钱冒险去做自己没有把握的事，我决定让你做我的管家。”

一名员工的能力是可以提高的，但是他的内在品质却是很难改变的，所以，企业选择员工的时候，往往会更青睐于后者。也许我们会认为老板对我们有偏见，但是如果我们能把手上的工作做好，他们也会认为我们是可造之才；如果不能，那么，他们只能对我们失去信心。

一个企业的生存和发展需要两个因素，一是少数员工的能力和智慧，二是绝大多数员工的忠诚和勤奋。能力是企业发展的动力，忠诚是公司生存的根本。你的老板在用人时不仅看重员工的能力，更看重的是员工的忠诚。因为对于老板来说，有能力的人好找，但要想真正找到一个对他死心塌地的人就很难了。

现在企业并不缺乏有能力的员工，而那种既有能力又踏实肯干的员工却是宝贝；在踏实肯干的员工中，那种爱岗敬业、能为企业献身、对老板死心塌地地效忠的员工更是宝贝。一个能力强的员工和一个忠诚度高的员工摆在领导面前，领导宁愿信任一个能力差一些但是足够忠诚的人，因为这些人能力虽然可能有些差，但是他们的高尚品格，却可以弥补能力差这个缺点，并且这样的高尚品格，能够不断督促他们，让他们不断完善自己，最终超越自己，取得成功。

请记住一点，几乎在所有老板的心中，“谁是最忠诚的，谁就是最可靠的。”在工作当中，一旦老板发现你有不忠诚的现象，你就有可能失去老板的信任，有的老板也许会多给你一两次机会，假如你不能及时地挽回自己给老板造成的不良印象，一旦彻底失去老板对你的信任，那么就算你有惊世之才，也不会再给你发展的空间。

如果你在自己的日常工作中做到忠诚于工作、忠诚于企业，这种工作作风就会给自己赢得很好的口碑。即使有一天你不得不离开自己的企业，在寻找新工作的时候，你的忠诚度仍然是你强有力的竞争力。

克里丹·斯特是美国一家电子公司很出名的工程师。这家电子公司规模并不大，实力也不是很雄厚，时刻承受着规模较大的比利孚电子公司的压力，公司的处境很艰难。

有一天，比利孚电子公司的技术部经理邀请克里丹共进晚餐。吃饭的时候，这个经理说出了自己的真实目的：“只要你把公司里最新产品的数据资料给我一份，我会给你很好的回报，怎么样？”

克里丹一向是个温雅的绅士，但这次却显得出奇地愤怒：“不要再说了！我们公司目前的处境虽然不是很好，但我决不会出卖自己的良心做这种见不得人的事，我是决不会出卖自己的公司的！”

经理眼见克里丹的表情十分严肃，心知他是认真的。于是他没有再提数据资料的事，反而拍了拍克里丹的肩膀：“好好好，别生气，这事当我没说过。来，干杯！”

没过多久，克里丹所在的公司真的破产了，克里丹也因此失业了。就在克里丹最沮丧的时候，他竟意外地接到比利孚公司总裁的电话，说是让他去一趟比利孚电子公司总部，有要事要与他面谈。

克里丹如约来到比利孚公司，接待他的竟然是比利孚公司总裁本人。更让他感到意外的是，总裁拿出一张非常正规的聘任书，他们要聘请克里丹做“技术部经理”！

克里丹惊呆了，他喃喃地问：“您没有开玩笑吧，把这么重要的工作交给我，您放心吗？”总裁哈哈一笑，说：“原来的技术部经理退休了，他向我说起了那件事，并特别推荐你。小伙子，你的技术非常过硬，你对于企业的忠诚更是让我佩服，你是值得我信任的那种人！”

作为企业的一名员工，很多时候并不理解领导的做法，那是因为他没有设身处地地站在领导的角度去想问题。企业的发展固然重要，而发展的前提是企业的稳定。那些能力出众、勇于开拓的员工可以为企业创造经济效益、推动企业的发展，但是有些人往往会恃才傲物，这山望着那山高，这样就给企业的稳定造成了隐患。

而那些对企业忠于职守的员工，哪怕他们的能力在某些方面稍微欠缺一些，但是他们的忠诚可以给企业带来稳定。毫无疑问，任何一个企业更倾向于选择忠诚的员工。如果我们能够成为既有能力又有良好职业道德的员工，那么职场对我们来说就是一马平川，受到老板的重用、在公司里获得一个很好的前途也就指日可待了。

根据环境调整自己更易成功

你不能适应环境，环境迟早会让你适应。

人生中，没有绝对的公平，从我们呱呱坠地那一天起，我们就应该知道，自出生那一刻，我们的姓名、身世就已经注定了，这些就是我们人生旅程开始的第一步。如果我们认为职场是绝对公平的，那就错了。职场是一个大舞台，每个人都有属于自己的位置，都要在自己岗位中做好自己。

也许我们现在做的是平凡的工作，但是只要我们认真对待，平凡的工作也会变得不平凡起来。人生贵在经历，任何一次经历都是一笔财富，想要成功，就应该认真地做好自己，做好本职工作，这样，我们才有能力去眺望未来。

一座寺庙里有一尊石佛，还有一块石地板，凡是来到这里的香客都会虔诚地膜拜石佛。石地板很是生气，对石佛说："我们都是来自同一座山，为什么你高高在上，能够受到所有人的膜拜？"

石佛笑着回答说："世界大抵上是公正的，你和我都来自同一座山，材料相同，但是，你出山的时候，只是哐啷几下子，把自己凿成方方正正的就可以了。而我则经过了3年的锤炼，才成为今天这个样子，如果说我是千锤万凿出深山的话，也不过分。咱们两个的人生经历不同，又谈什么公平与不公平呢?”

石佛和石地板经历不同，进而造成了它们命运的不同。职场中又何尝不是如此？我们总是去抱怨不公平，但是却不知道在不公平的背后会有如此大的差异。我们和同事之间不可能画等号，因为彼此经历不同、能力不同……各种各样的东西都是不同的，这就造成了我们和同事之间存在差异，进而导致不公平的存在。

其实，公平只是一个相对的概念，而不是绝对的。当我们感到不公平的时候，就应该认真去思考，不公平的来源在哪里？我们为什么会遭受不公平？如果我们不去思考，只是一味抱怨的话，只会让自己的心理压力更大。

美国心理学家亚当斯说：“大多数职工的工作动机不仅受自己所得的绝对报酬的影响，而且还受相对报酬的影响。人们总是喜欢把自己的付出和自己的所得作一个比较，如果觉得付出和得到的一样，就会感觉很合理、很公平；如果付出远远小于所得，很容易就会产生不合理、不公平的感觉。”

很多初涉职场的大学生认为，职场是一个绝对公平的场所，但是这更多的只是大学生单纯的想法。公平是一个相对的概念，过多地纠结于“公平”这个名词，只会让我们变得越来越纠结。公司中，如果我们总把“不公平”挂在嘴边的话，只会让同事、领导对你产生意见，根本于事无补。

“老板，您为什么出差时总是带着冯雪，下次也带上我吧！否则对我来说也太不公平了，我也应该有这样的机会。”张丽终于找到一次机会，试着对老板说出了积藏在心中已久的话。

原来，事情是这样的：

张丽和冯雪都是老板的助手。在不是很忙、不需要出差的时候，张丽和冯雪所做的工作比较类似，都是帮助老板整理文件、打印文件，或是做会议记录等。

由于张丽的打字速度比冯雪要快一些，因此很多文件都是由张丽来打印。老板总是这样对张丽说：“张丽，你打字比较快，这些文件都交给你，一上午你就可以打出来。”对此，张丽非常不乐意。

“就因为我打得快，我就要干这么多吗？可两个人的工资一样，这样的做法对我实在是不公平。”每次老板吩咐完以后，张丽常常这样说，虽然声音很小。

在这个时候，打字速度比较慢的冯雪是从不说话的，她总是低头整理老板给她安排的会议记录。其实，这是一项非常琐碎的工作。因为有的时候，会议很重要，老板要知道每个人的意见，冯雪常常得加班才能整理完。对此，冯雪根本没说什么。

因为冯雪工作比较细心、认真，所以老板每次出差时总喜欢带着她。每当张丽看到冯雪收拾东西准备和老板出差的时候，总是撇着嘴说：“又要出去旅游了，为什么每次都是带着你，一次也没有带过我？这也太不公平了。”其实，老板出差，常常不是参加大型会议，就是和客户进行某项谈判。冯雪跟着老板出差，经常比在公司的时候还要累，因为大多时候，由于时间非常紧张，有些客户的资料需要用一个晚上才能看完，第二天还得参加谈判，冯雪对此却从不抱怨。

可是，张丽却不那么认为，她认为自己可以干得比冯雪更好，所以，张丽抓住了那次机会，对老板说出了自己的想法。

面对张丽颇为激动而涨红的脸，老板微笑着看着张丽说：“你说得对，这样对你是不公平，对冯雪也是。”

于是，在下一次的出差中，老板果然带上了张丽，也带上了冯雪。因为这次是和一个大客户进行谈判，所以根本没有休息的机会。刚到相约地点，他们就开始马不停蹄地研究客户的资料和一些信息。这个时候，张丽才知道原来这并不是一件轻松的差事。

回到公司以后，几乎没有任何的休息时间，马上又开始上班。张丽觉得自己都快散架了。这个时候，老板微笑着走过来对张丽说：“你做得不错，以后每次出差的时候，我都会带上你的。”

闻听此言，张丽差点没有昏过去。此时，她才彻底明白，自己一直说的“不公平”这句话是为冯雪说的。虽然自己每天打的文件比冯雪多，但是冯雪承受的压力、花费的时间却要远远多于自己。

改变能改变的，接受不能改变的。职场中没有所谓的绝对公平，当我们第一次踏入职场的时候，我们就应该知道，绝对公平只是我们的一种想象，而现实中是不可能存在的。

如果想要在职场中成长，就应该充分认识到公司的问题，真正做到平衡自己的心态。为公平而奋斗是正确的，但是，我们不能把公平当作客观存在的现实。我们每个人只是想对自己公平，但是，你有没有想过，对自己的客观公平，就是对别人的不公平。

职场中，人人平等，是我们每个人都期许的，但是事实上，远没有想象得那么简单。如果我们想要绝对的公平，就应该尽力去争取，用自己的才能、用自己的勤奋去追求。与其去抱怨，不如先学会适应，之后再稳扎稳打，这样，我们就能为自己的职场生涯铺平道路。

不懂就问才能更快成长

不懂不问是最大的错误。

有些员工初来乍到，认为工作就是做好自己手上的工作，就万事大吉了。但是事实却是这样还远远不够。有人认为，这就是公司的纪律，但是我们要知道，这不是纪律，这只是我们一厢情愿的想法。

职场中，放下面子，不懂就要问，这才是纪律。公司需要发展，员工需要进步，正是因为这样，公司内部之间相互交流就成了公司企业发展的纽带。没有任何一个人自出生下来就知道所有事的，这就注定了交流不可避免。不要总拿公司纪律当挡箭牌，最主要的是我们要放下面子，这样，我们才能突破工作的瓶颈，找到新的方向。

有一个博士生毕业后被分配到了一家研究所工作，成了那里学历最高的人。

有一天，博士到单位后面的池塘钓鱼，正好单位的两位领导也在钓鱼。博士生想："这两个本科生跟我比，学历上还差得远呢，与他们根本没有共同语言，没什么好聊的！"

过了一会儿，一位领导放下钓竿，从水面上跑到了对面，上了一趟厕所。

回来时，领导仍然从水面上跑了过来。博士生非常惊讶：难道这家公司有武林高手，竟然练成了水上漂的功夫？博士生想问，但是觉得自己是博士生，高人一等，何必去问本科生呢？

没过一会儿，另一位领导也从水面上走过去了。博士生更加惊讶了：是不是自己公司里的人都是武林高手啊？怎么都会水上漂的功夫？

过了一会儿，博士生也想去上厕所，但是如果要走过去上厕所，就要绕很远的路，回单位就更远了，他想问问两位领导，怎么才能从水上“漂”过去，但是碍于面子，就只好放弃了。

又过了一会儿，博士生实在忍不住了，就学着两位领导向河里走了过去，只听扑通一声，博士生就掉进了河里。

两位领导把博士生拉了上来，就问他：“你下水打算干什么去啊?”

博士生说：“我想上厕所啊。我没过去，你们两个是怎么过去的?”

两位领导哈哈大笑：“这池塘里面有两排木桩子，由于这两天下了几场大雨，就把木桩子给淹没了，我们两个知道木桩的具体位置，当然能够顺利过去了，你不知道，怎么不问我们两人一下啊?”

进入职场的那一刹那，就注定我们要告别一段美好的回忆，开启一段崭新的人生旅程。很幸运，经过面试官的层层选拔，我们走到了最后，成为了公司中的一员。我们是公司的员工，是这里的一分子，我们要调整好心态，多去交流、多去学习，这样，我们才能尽快融入到这个大集体中。

诚然，我们需要一个适应的过程，初来乍到，更多的时候，是局促、是不安、是陌生，但是我们要抓紧适应。不要因为害怕纪律，就忘记了自己当初为什么要来到这家公司工作。我们要实现自己的价值，不要总拿面子、拿纪律当幌子。金无足赤，人无完人。不要羡慕比你强的人，要学习他们的长处；不要瞧不起比你弱的人，在他们身上也有你值得学习的地方。认真做好自己，多和公司老员工交流，尽快融入到新集体中来。公司企业有它固有的氛围，我们不要刚来就去破坏，最好的办法，就是把自己当成一个新人，不懂就去问，这样，我们才能学习身边的老员工，让他们认为你是一个很好相处的人。

我们总会面临选择，尤其是在新环境中，我们想努力做好自己，但是我们只停留在做好自己的层面上，而不去考虑别人；而有的时候，我们还会更在意别人的看法，然后再去做好自己，这都是非常不足取的。做好自己，多去交流，让自己真正成长起来，这样，我们才能说，自己已经在向成功的方向迈进了。

段新阳刚刚来到一家公司工作，报到之前，段新阳就在心里暗暗发誓，一定要努力工作、出人头地。

上班第一天，直到9点多，同事们才陆续赶来，一般的都是迟到十几分钟，有的则是迟到半个多小时。中午吃饭的时候，同事都是慢吞吞的。段新阳从同事身边路过的时候发现，同事们都在上网聊天或者在打手机，有的则是在看小说，这种散漫的氛围让段新阳非常困惑。

上班没几天，公司的老同事就跟段新阳说了公司的一些情况，段新阳觉得公司给人一种懒洋洋的感觉，当初的豪气干云顿时消散于无形，既然同事都这么做，自己初来乍到的，也只能跟着他们走了，不然就会被同事视为异类，到那时就很难与他们相处了。

过了一个月，经理就找到段新阳进行谈话，告诉他，不要去管别人，做好自己的工作才是最重要的。公司一向以业绩作为赏罚的标准，业绩不好的员工就会自动走人，业绩好的就会升职加薪。经理让段新阳好好表现，不要辜负他的期望。

接下来，段新阳的斗志又焕发了出来，干什么都有激情了，公司的氛围也被调动了起来，公司的形势也有了非常好的转变。

人的一生，每时每刻都是新的，都是需要我们不断去尝试。职场中的我们要学会适应，要学会适应工作氛围，这样才能了解公司行业的整体情况，才能学到更多的东西。提出问题并不可怕，可怕的是没有提出问题的勇气。

一回生，二回熟。多提出问题，我们才能在公司企业中走得更远。职场人生需要我们不断锤炼，不断在职场中汲取营养，这样，我们才能适应职场，才有可能在职场中大有一番作为。

纪律，说起来非常严肃，但是我们要知道，职场不是一个过于死板的地方，而是需要我们每个人不断去开拓、不断去学习的地方。想要收获成功，现在就要起程，只有这样，我们才能离事业的成功更近一步。

慎独为自己创造更多机会

摆正心态，积极工作，才会比别人进步更多。

职场中，我们要坚持自己的原则，不管老板在与不在，我们要做的就是按时认真地完成手上的工作。如果我们总看身边的同事，就会滋生懈怠心理。我们就会觉得，别人都不工作，为什么我要工作？从众心理加剧，就必然会产生懈怠的心理，而做不好工作也就会成为一个堂而皇之的理由了。

1964年3月，纽约发生了一起震惊全美的谋杀案，这次在昆士镇的克尤公园发生的谋杀案很快便登上了《纽约时报》的头版，一时间轰动了美国。

之所以轰动了美国，是因为这场谋杀案总共用了半个小时的时间，犯罪人莫斯雷刺中了素不相识的格罗维斯，刺完格罗维斯一次，莫斯雷就离开了，离开之后又回来刺她，如此这般，来回3次。在这半个小时里，有38个人看到莫斯雷作案的全过程，格罗维斯大声呼救，旁观者却无动于衷，甚至连报警这样的简单动作都没有人去做。

事后，有记者去采访这些旁观者，他们纷纷表示，没有人愿意挺身而出，自己为什么要冒着生命危险去救和自己毫不相干的人呢？别人不愿意伸出援手，自己也就不愿意伸出援手了。

产生懈怠心理的主要原因就是工作责任的分散，如果把工作责任具体分到每位员工身上，把每一个员工个体的责任串联起来，这样，员工就有一种被重视的感觉，重任在肩，就没有理由消极怠工了。如果每天的工作都是单一固定的，员工和员工之间的工作缺乏必要的联系，就会使得工作责任出现脱节，没有人愿意去改变，没有人愿意去争取，员工就会觉得做好自己的工作就行了，别的任何事情都与自己无关，这样一来，懈怠心理就会产生了。

很多管理者调查不深入，看到员工在埋头工作，就认为他们很努力，其实，有可能他们只是做做样子，其实并没把自己的工作当一回事。管理者要做的就是让员工明白工作就像家庭一样重要，身为员工就要肩负起自己的一份责任，如果不能按时完成工作，就会承担消极怠工所造成的后果。营造一种公司氛围，是管理者必须要去做的，营造出这种氛围就是给员工吃下一颗定心丸，让员工的工作没有后顾之忧。

2005 年 12 月，彭某来到了重庆市一家硅材料开发有限公司工作，工作中，彭某表现积极，受到了老板的称赞。

2006 年 7 月，彭某被提升为公司的副经理。同年 8 月，彭某和公司签订了一份 5 年的工作合同，合同自 2006 年 8 月 1 日起到 2011 年 7 月 31 日止，合同内容包括，如果公司由于经营变化和工作需要，彭某随时接受公司的调派，而公司也可以随时解除和彭某的劳务合同，而相关的工资报酬和工作岗位并没有进行具体的规定。

可惜日复一日地工作没有让彭某的工作热情坚持多久，心生厌倦的彭某在工作中采取消极怠工的应对措施，工作业绩也是每况愈下。

2008 年 2 月，公司老板找到了彭某，和他进行了交谈，并传达了撤销他的副经理职务，把他的岗位调为文员的意思，但是彭某却要求只有在自己待遇不变的前提下，才同意调整职务的要求。这样的做法，拖延了公司的全面运营。公司就找来法律相关人员出面调解，最后，调解取得了成效，公司书面通知了彭某，解除了和他的劳动合同。

消极怠工不仅会影响到自己的工作热情，更会影响整个公司的发展。很多员工因为受不了每天单调如一的工作，久而久之就开始应付，这样的做法很难让公司满意，最后的结果只能是被公司终止合同。

我们每个人都不喜欢单调重复的事情，对待工作也是如此，对待重复单调的工作，人们心理上就会产生排斥，自己好好工作也是一天，不好好工作也是一天，何不投机取巧，让自己轻松一些呢？这样不仅不会累着自己，也不会被同事疏远，因为同事和你站在同一战线，很多人也是得过且过，不愿意付出，就别想得到劳动报酬。

懈怠是一些人的通病，想付出得少，收获得多，但是世界上有这样的好事吗？难道马路上的人都是中过 500 万的？小概率的事件很难发生，而如果让消极怠工长远发展下去，就会滋生出各种各样的投机取巧心理，进而泯灭了你的理性，浇灭了你的激情。

管理者如果发现员工存在这种消极怠工的工作方式，最好的办法就是先和员工沟通，告诉他，每个人不管身处何职，都要承担起属于自己的那份责任，消极怠工只会逐渐抹杀掉你的社会责任感，进而放任自己，到那时就真的是覆水难收了。如果员工屡教不改，管理者就应该实行惩罚，避免这种陋习再次发生。

很多人都有一种从众的心理，有了这样的心理就会把一个人推向深渊，因为你是在为自己而活着，而不是为了别人，不要让别人消极的工作态度影响你，你的工作是你每天必须要完成的。只有摆正心态，以积极的态度去面对工作，才会让自己在工作中如鱼得水，达到别人难以达到的高度。

珍惜时间拥有更高效率

职场中，没有效率毋宁死。

职场是一个拼效率的大舞台，谁的效率高，谁的时间利用得充分，谁就能在公司大有一番作为。有的人常常因为在规定时间内没有完成规定任务，就会选择投机取巧，选择敷衍了事，这是非常错误的。

上帝对每个人都是公平的，因为他给了每个人每天不变的 24 个小时。时间买不来、夺不去，但只要你不珍惜，它马上就会背叛你。你的每一秒钟都是你自己的，就看你怎么用它了。工作上的效率，需要我们自己去统筹规划，这就是我们每个人的自律，这就是我们每个人迈向成功的根本保证。

法国思想家伏尔泰曾经问过他的学生这样一个问题：“世界上什么东西既是最长的又是最短的，既是最快的又是最慢的，既能分割又不可分割；没有它，什么事情都做不成；它使一切渺小的东西归于消灭，使一切伟大的东西生命不绝。”大家众说纷纭，琢磨不透。

这时候，一个叫查第格的学生站起来说："最长的莫过于时间，因为它是无穷无尽的；最短的也莫过于时间，因为它是转瞬即逝的；对于在等待的人，时间最慢；对于在享乐的人，时间最快；它可以无穷无尽地扩展，也可以无限地分割；没有时间，什么事情都做不成；时间可以将一切不值得后世纪念的人和事从人们的心中带走，时间也能让所有不平凡的人和事永留青史。"

时间就是伟大而神奇的东西。清晨，非洲草原上，从睡梦中醒来的羚羊知道新的比赛就要开始，对手就是跑得最快的狮子，想要活命，就必须比跑得最快的狮子还要快。同样，狮子也意识到，假如它跑得比羚羊慢，等待它的将是被饿死。所以，每当太阳升起，一场为了生存的奔跑就开始了。狮子之强大，羚羊之弱小，其差别不可谓之不大，然而在物竞天择的广阔天地里，两者面临的源自求生的压力却是相同的。因此，无论你现在是狮子还是羚羊，时间对你都是同样宝贵的。

我们虽然仍然年轻，但是我们是否感觉到时间正悄无声息地从我们身边溜走呢？时间就是金钱、就是生命，想要从竞争激烈的职场中脱颖而出，就应该利用好时间。我们要做的就是今日事，今日毕，不要总幻想着明日复明日。

职场中，如果你今天不努力奔跑，不利用好每一秒时间，就会差别人一截，长此以往，你的工作就再也不是你的工作了。当别人工作的时候，你要工作；当别人休息的时候，你还是要工作，这样你才能有所作为。你是有梦想的人，你的梦想比别人的要广大，所以，你需要全力奔跑。

世界上没有全能的天才，每一个成功的人背后都是分秒必争的。当有人问鲁迅怎么能够取得如此的成就时，鲁迅意味深长地说："我不过是把别人喝咖啡的时间都用在了学习和工作上。而且我每工作一小时，都要力争做出别人两小时才能做出的事来。”

伯利恒钢铁公司总裁名叫理查斯·舒瓦普，一直以来，他总是为自己和公司的低效率而感到担忧。他掌管着一个拥有十几万名员工的大型跨国公司，每天的各种事务就像雪片一样堆到他的案头上，对于这些工作，他越来越感到力不从心。于是，他决定不惜花重金去找效率专家艾维·李寻求帮助，希望李可以教给他一套可以在单位时间内完成更多工作的方法。

艾维·李果然不愧是效率专家，他对舒瓦普说：“好！我用10分钟就可以教你一套至少可以把工作效率提高50%的最佳方法。这套方法你愿意试多久就试多久，然后给我寄张支票，并填上你认为合适的数字就可以了。”

艾维·李接着说：“你今晚需要做的事情是把你明天必须要做的最重要的工作记下来，按重要程度编上号码。将最重要的排在首位，以此类推。早上一上班，马上从第一项工作做起，一直做到完成为止，这项工作没做完，你绝不可以做其他的工作。然后你再用同样的方法对待第二项工作、第三项工作……直到你下班为止。即使你花了一整天的时间才完成了第一项工作，也没关系，只要你能保证它是最重要的工作就可以了。你需要坚持不懈地运用这个方法，你需要每天都要这样做，把它变成你做事情的习惯。如果你觉得你的工作效率确实得到了提高，并且对这种方法的价值深信不疑之后，你还可以教你公司里的员工也都这么做。”

一周之后，舒瓦普填了一张25000美元的支票寄给了艾维·李，因为他在一周的时间里整整做了原来两周才能做完的工作。舒瓦普常对他的朋友们说："艾维·李让我学会了如何才能提高工作效率，我和整个团队坚持选择最重要的事情先做，我认为付给艾维·李的这25000美元是我经营这家公司多年来最有价值的一笔投资！"

工作效率的提升远远没有这么简单。诚然，你还不需要像舒瓦普那样掌管着一个大公司，日理万机。但是你需要知道，随着你在职场当中越混越好，你手头需要处理的工作也会变得越发杂乱无章。如果你不能够好好规划并且利用时间的话，你就会被如潮水一般的事务性工作所淹没，哪怕你一天24个小时，一周7天不吃不睡，时间也还是不够用。因此，如果你不从现在就养成珍惜时间并合理规划利用时间的良好习惯的话，你早晚会有那么一天。

生活就是这样，时间一点一滴流逝，今天变成了昨天。生命是有限的，时间对于每个人都是平等的，要在有限的时间内做出更多的事情，只有分秒必争。正如鲁迅所说："节约时间，也就是使一个人的有限的生命更加有效，而也就等于延长了人的寿命。"时间也是最公正的评判家，分秒必争的人必然会得到时间的褒奖，虚度年华的人也必然会受到时间的惩罚。

及时反思确保每天都进步

每日三省吾身，世界自在掌心。

唐太宗李世民曾说过："以铜为镜，可以正衣冠；以古为镜，可以知兴衰；以人为镜，可以明得失。"现实中的我们就更应该如此，要学会反思，反思会让我们知得失、明事理，可以让我们在短暂的休整之后更好地腾飞。

古语有云，吾日三省吾身，人不自省是很容易迷茫的。职场中的我们，每天都处于高负荷的工作状态中，是很容易麻痹神经、失去自我的，越是如此，就越需要我们做好自己。懂得反思的人，是有自己的独特处世原则的人，因为他们对自己负责、对工作负责，才会去思考自己的工作，去思考自己的未来。

一只狐狸在信步地走着，正在这时，它看到了一个绿色的葡萄架，葡萄架上面结满了紫色的葡萄，狐狸看了口水直流，就想摘下一串来尝尝。

狐狸看着高高的葡萄架，纵身一跃，但是差了半尺，狐狸并没有放弃，仅仅是半尺而已。于是，狐狸又铆足劲，纵身跃去，没想到，越跳越退步，这样一来就差了一尺，狐狸又接连跳了几次，距离越差越远，每次狐狸都是无功而返，最后，狐狸跳不动了，就停下来喘着粗气。

这时，一阵风吹了过来，狐狸多希望这阵风能吹落下一串葡萄，没想到事与愿违，这阵风带来的仅仅是几片枯黄的叶子，狐狸再次感到了失望。

狐狸眼见吃葡萄无望，索性在心里安慰自己："葡萄架上的葡萄肯定是酸的，不仅如此，而且还很涩，这种葡萄，白给我吃，我都不吃。"最后，狐狸一脸得意地离开了。

狐狸颇有些阿Q精神，没吃到葡萄就说葡萄酸，贬低自己求而不得的目标来自慰。狐狸不懂得反思，失败之后就认为自己不能成功。不管是在工作还是生活中，我们面对失败时，不懂得反思，而是选择歪曲失败的事实来满足自己的心理平衡。这就好比阿Q被人打了一拳，心理并没有失落，反而想对方是自己的儿子，打老子也是可以的，追求虚幻的心理平衡，不懂得反思，只会让自己在失败的沼泽里越陷越深。

缓解失败的压力不能单单存在于幻想中，更应该懂得反思，思考自己为什么会失败，是力有不逮，还是选错了方向？苦苦追求的目标失败了并不可怕，这时更需要我们反思，反思自己路上的荆棘、那些得不到的和已失去的，及时调整自己，这样才能再次向成功迈进。

失败时需要如此，在平常工作中也需要如此。我们不可能保证自己每时每刻都能全身心地投入到工作中去，这就需要我们学会反思，学会让自己紧张的思维冷静下来，这样，我们才能冷静思考问题，才能离成功更近一步。

吃不到葡萄说葡萄酸，这样只能缓解一时的压力，也会让我们滋生消极情绪，越是如此，我们就越难取得成功，就会离成功越来越远。消极心理就是无底洞，越长久，我们就越难在职场的道路中走得更远。越是竞争激烈、越是失败，越需要我们去反思、去分析，这样才能让我们从失败的路上爬起来，重新找到人生奋斗的催化剂，才能更好地向着成功的方向前进。

美国著名演员史泰龙在最开始的时候屡屡碰壁，演艺生涯可谓处处受挫，但是他从没有放弃，他知道，再努力一次，下一秒钟也许就会成功。

最开始的时候，史泰龙为了在影视剧中出演角色，不辞辛苦地去拜访明星导演，但是理想很美感，现实却很骨感，一次次的努力换来的只是残酷的失败现实。

现实的无情并没有打垮史泰龙，史泰龙反思自己，决定先写剧本，两年多的求职失败经验就是最好的经历，他相信，自己一定能取得成功。

过了一年，史泰龙的剧本写出来了，他拿着手中的剧本到处寻找赏识的伯乐，没想到，遇到的同样是冷嘲热讽，接连碰壁成了史泰龙的家常便饭，史泰龙继续在演艺路上行走着，他相信，精诚所至，金石为开。

在史泰龙遭受到1300多次拒绝之后，一位拒绝过他20多次的导演被他的坚持折服了，决定采用他的剧本，给他一个机会，先拍一集他的剧本看看。从此之后，史泰龙开启了自己演艺生涯的新篇章。

史泰龙的成功并不是偶然的，他确定好了自己的人生方向，他知道自己如果想要达成目标，就要有锲而不舍的精神，他知道，梦想其实并不遥远，只要他愿意努力，愿意去奋斗，梦想总有一天就会变成现实。

我们有些人在失败之后就会自暴自弃，把自己以前的努力全部否定，每天得过且过，再也没有了人生方向，与行尸走肉没有多大区别，这就是人性中的弱点，一次失败之后就放弃，如果我们被这样的人性弱点所操纵，那么，我们的人生将会越走越窄，最后走向死胡同。失败之后，我们要做的是认真反思、总结经验，这样才能再次向着成功发起挑战。

比如我们在面试中失败了，有些人就会说，进不了这家单位没有关系，那里竞争太激烈了，就算我再怎么努力工作也不一定能做好，进一家小公司没什么不好，至少自己能过得比较悠闲。这样的想法是不足取的，人无远虑，必有近忧，我们要做的是知难而上，而不是不断为失败寻找借口，很多时候，我们的失败是因为半途而废，没有做到有始有终，我们不是完人，不可能把事情做到十全十美，这就注定我们的失败不可避免。既然失败出现了，我们要做的就是反思，反思自己失败的原因，增加自己对挫折的免疫力，这样，成功才会更近一步。

来到职场之后，我们就更需要学会反思，这里是“战场”，随时都有离职的危险。人生无常，不如意事十之八九，这就需要我们常自省，常自省才能在危难萌芽阶段把它扼杀掉，这样，我们才能继续轻松上路。

守口如瓶就是保护自己

保障企业和老板的最大利益，就是保护自己的利益。

每一个人，都希望有属于自己的隐私。在工作环境中也是一样，公司的机密就是公司的隐私，每一个公司的员工必须具备保守公司机密的职业道德。不该问的不问，不该说的不说，公司的各种事务不可以随便张扬。

现在的企业竞争越来越白热化，企业对公司机密的安全性越来越重视，因为一不留神，就会给竞争对手以可乘之机。现实中，总会出现一些泄露自己公司商业机密的人。员工出卖秘密的原因，无疑有以下3种情况：第一种，由于员工粗心大意导致失密；第二种，由于员工缺乏商业秘密的相关知识而在无意中泄密；第三种，由于员工经不起种种诱惑而导致他们恶意出卖公司秘密。如果是前两种情况的话，还情有可原，但要是第三种，则关系到员工对公司的忠诚问题。无论哪个企业和老板，都不希望看到这样的员工出现在自己的公司。

职业经理人典幸离开TH服装公司时，老板承诺的60万元年薪只兑现了18万元。但典幸并没有因此怀恨TH公司的老板，反倒是一如既往地忠诚于TH公司。

在他离开TH公司的当月，就有另一家服装公司的老板请他喝茶，开价120万元年薪邀请他加盟。这120万元年薪，除了冲着典幸的能力外，还冲着典幸掌握着TH的全部经营秘诀。新东家和TH服装公司是多年的老对头，他们想从典幸身上找到打败TH公司的突破口。

典幸拒绝了这120万元年薪，因为忠诚是他做人的原则。

TH的老板得知自己手下有如此忠诚的员工，感动得几乎流下泪来："我身边很多人都时刻在想办法弄走我的钱，如果他们都能够像你这样该多好啊！"

离开TH服装公司，拒绝了多位老板的邀请，身心疲惫的典幸决定自己创业。他以自由职业者的身份，给企业做管理咨询，业余时间从事写作，这样一干就是一年多时间。这期间，TH服装公司先后高薪聘请3位财务总监。有了对比才知道差距，老板发现，无论工作能力还是职业品质，典幸都是无人可以超越的。尤其当他得知竞争对手曾经高薪邀请典幸，而典幸没有接受，他更觉典幸的难得。

有能力、有智慧的人才有许多，而有智慧又忠诚的人才却难以找到，为此，他再次向典幸发出了邀请。这一次，他给出的年薪是原来的两倍，并承诺将一年多前欠的42万元补给典幸。

每个公司，都需要典幸这样的职员。无论在哪个企业，你都应该保守公司和老板的机密，对公司的各种事情都不能随便张扬，一定要守口如瓶，保障企业和老板的最大利益，这样才能受到公司的重用。

从某种程度上来讲，不能维护公司利益的员工是相当可怕的，特别是那些身居要职而又居心不良的精明能干者。如果让这种人参与公司的经营决策，了解公司的商业秘密，他们的某些行为甚至可能直接决定公司的生存与发展。

也许你会说，自己决不会出卖公司的秘密，那你可能不了解维护公司机密的完整含义。主动地出卖是可耻的、不可以被原谅的行为，但是如果你守口不严、说话随便、思想松懈，说了不该说的话，有意或无意地造成了泄密，那么，轻则会使老板的工作处于被动，带来不必要的损失；重则会给企业造成一种极大的伤害，造成不可挽回的损失。这是下属对老板的一种极不负责的态度，势必会使老板在各个方面处于不利地位，这样的事情，即使只发生一次，也会使老板难堪，对你留下不好的印象。

张强来到一家企业已经一年了，当初老板明确说好，等到他工作一年后，就让他做技术总监。可是老板却一直都没兑现，一天，他请老板的红人赵刚帮他问问。

赵刚想：老板既然许了诺，就应该兑现，莫非其中有什么原因？于是，赵刚找了一个恰当的机会专门和老板谈起了这件事。

“这个人人品有问题，不能重用。”老板说。

“为什么呢？”赵刚问。

“他之前所在公司是我们的竞争对手。有一天，他约我见面，说他掌握了那家公司全部的技术秘密，如果我肯高薪聘用他，他愿意将那些技术秘密透露给我。我答应了他的条件，给了他高薪，但重用的事，一直不敢兑现。”老板说。

“你的意思是说，如果重用他，他掌握了你的秘密之后，也可能出卖你，对吗？”赵刚说。

老板说：“是啊，他是一个不够忠诚的人，一个卖主求荣的人！原来那家公司对他很不错，他出卖了老板，使得那家公司一蹶不振。有了第一次，肯定会有第二次，重用他的话，下一个受害的可能就是我！”老板说，“我非但不肯重用他，我还准备辞退他，但在做好准备之前，我不能让他知道，谁能保证他在得不到他想要的东西时，会怎样疯狂地搞破坏呢？”

忠诚往往比能力更重要，因此就显得更加珍贵。坚持自己的忠诚，需要鉴别力，也需要抵抗诱惑的能力。当你忠诚于你的企业时，你所得到的不仅仅是企业对你更大的信任，还有更多的收益。当你不忠诚你的企业，将企业的机密出卖给其他人，虽然这样做你能够获得一时利益，但长期下来，损害的将是自己的职业声誉和前途。

所以，绝对不要出卖企业秘密，这关系到企业的成败，关系到上司的声誉与威望，更关系到你的人品、前途和未来。身为员工一定要牢记祸从口出的道理，对保密做到守口如瓶。保守公司秘密，是忠于公司的一种体现，是身为员工取信老板的重要一环。

第8堂课

创新思考
创造优秀的员工

无论大企业还是小企业，无论是领导还是个人，不在创新中发展，就在等待中失败。创新是如今达成成功最重要、最不可缺少的一个动力。注重创新的企业也一定会“创造”出更多的优秀员工。

跳出常识会看到更广的世界

突破惯性思维。

我们每个人都有惯性思维，比如上班总是习惯走一条路，走路的时候总是习惯先迈左脚……这些都是我们的惯性思维在作祟，职场中就更是如此了，当我们面对问题的时候，总是习惯先问老员工，然后按照他们的方法去解决，或者是去翻书本，然后生搬硬套，这样做是非常不足取的。

人生不是一成不变的，职场中就更是如此，要敢于突破，因为我们每个人都会有自己难以逾越的思维，越是如此，就越需要我们改变看法、求新求变，这样，我们才能突破，才能看到一个不一样的自己。

有这样两个朋友A与B，A对B说："如果我去买一个鸟笼送给你，没有别的要求，只要求你挂在你家里最显眼的地方。我敢保证，用不了多长时间，你就会买一只鸟回来。"

B非常惊讶A的逻辑："我才不会去买鸟呢，养只鸟既要喂食还要喂水，并且还要时时照看，我才没这么多闲工夫呢！"

A听了之后，就去买了一个漂亮的鸟笼，送给了B，B按照A说的，把鸟笼挂在了家中最显眼的地方。

B的朋友、亲人，不管是谁来到B的家里，看到鸟笼之后就会问他："你怎么只有鸟笼啊？鸟笼里的鸟呢？你的鸟什么时候死的？"

B就开始解释，但是朋友和亲人都不相信他的话，有的人甚至认为他有点儿精神失常，竟然会不养鸟，反而把鸟笼挂在家中。B感到非常无奈，众口铄金，积毁销骨，无奈之下，B只好去买了一只鸟养在了笼子里。

这就是著名的鸟笼逻辑，很多人往往会存在惯性思维，并且被这样的思维所操纵，因而在逻辑过程中就会条理不畅，不能正确有效地分析问题。很多人往往就被这种固有的条条框框的思维束缚住，遗忘了自己的本来思想，背离了自己的初衷，进而思维越来越乱，难以自持。

我们的生活与工作皆是一团乱麻，更多的时候，我们要做的就是要找出这堆乱麻的头绪来，不要被惯性思维所左右，这样我们做事的时候才会条理清晰、头头是道。在我们的工作生活中，很多人，包括我们自己，在很多时候，都是先在自己的心里挂上这样一只“笼子”，接着就不由自主地往里面填进一些丝毫没有用处的东西。我们总是觉得拥有的就是最好的，但是殊不知等到你遇到真正有价值的东西的时候，你的心里已经被毫无价值的东西填满了。

职场中的我们总是喜欢听他人的话，听老员工说的话，遵循一切公司固有的规律，不愿意去改变，这样，我们就成为了别人的复制品，再也找不到自己原有的思维了。人因为各有各的特点，才显示出世界的多姿多彩。

不要因循守旧，不要总是照搬别人的。这样做是不明智的，拘泥于自己的方寸之地，只会让自己的思维走向僵化。我们需要的不是教条主义，也不是形而上学，而是真正的自我本源的思维。多数情况下，我们会被外界的东西所左右，少了当初的逻辑思维，不能灵活变通，做不到兵来将挡，水来土掩，只能在职场中离失败越来越近。

有一位出生在宾夕法尼亚州山村里的马夫，但就是这样一个人最后成为了美国非常著名的企业家，而这个人就是查理·斯瓦布先生。

查理小时候家境贫赛，他接受教育的时间很短。从15岁起，他就开始在当地做马夫，以此来维持生计。两年之后，查理才得以根据自己的兴趣而更换一份工作，而这份工作给查理带来的是每周2.5美元的报酬。在这期间，查理开始发挥自己的特长，并且努力完善自己，积极学习技术，希望能够尽善尽美地完成任务。

没过多久，查理就成为卡内基钢铁公司的一名技术工人。虽然查理每天的工资只有1美元，但是没过多久，查理就升职成为该公司的技师，接着，他又成为该公司的总工程师。5年之后，查理成为了卡内基钢铁公司的总经理。

查理成功的秘诀就在于，他不看重钱，他看重的是自己感兴趣的职业，正是他的兴趣指引着他，让他一步一步向成功迈进。当他还只是一名普通工人的时候，他就在心里告诉自己："我要拼命工作，薪水并不是我所看重的，我要让我的兴趣实现最大价值，而这种价值远远超过薪水能给我带来的成就感。"

查理是一个实事求是的一个人，他不像其他同事一样，总是好高骛远，总去想一些不切实际的问题。他需要做的就是尽量少犯一些错误，每天只跟自己比。他要做的就是一步一个脚印向前走，而正是这样一种精神，让查理取得了别人难以想象的成功。

人在职场中，有时候不需要准备太多。太多的准备有时会填满了我们的大脑，这些东西就像条条框框一样束缚了我们的思维，如果想要有新的突破，就要率先打破这些惯性思维。当然，这样做是非常难的。有了鸟笼，我们就会习惯性地认为鸟笼里面必然会有一只鸟；面试官有了问题，我们脑子里就应该有与之相对应的标准答案，但是现实往往恰好相反，没有准备往往是最好的准备。

金庸的武侠小说《倚天屠龙记》中有过这样一段描写：张三丰在传授张无忌太极剑法的时候，问张无忌还记得多少，张无忌说，还记得一大半；张三丰又问，张无忌说，还记得一小半；张三丰再问，张无忌回答说，全忘光了。这时，张三丰才说，好了，你可以去比试了。然后，张无忌大胜。

太拘泥于章法，只会让自己不懂得变通、按部就班，想要做到面面俱到，但是结果往往是做不到。面试中的问题多如牛毛，很难数清，更不要谈什么理清了。面对这些问题，正确的做法就是要发挥出主观能动性，不管能否顾全到面试官的问题，我们都要从容应对，过多地准备会让应聘者的逻辑性思维受到影响，缺乏面对突发问题的应对能力。

诚然，有备无患，但是过多地“备”只会为我们埋下更多的“患”。杯子中有水，只有把水倒出来，才能装更多的水。过多地准备只会把我们的思维束缚住，难以发挥出它本来的魅力，物极必反就是这个道理。

综观《孙子兵法》，总结出一句最经典的话，那就是“因势而变者谓之神”，因势而变同样适合于现在，职场中的我们就更应该如此，不应让自己的思维定式左右自己的发展。优秀员工要做的就是变中求变，这样，我们才能立于不败之地。

墨守成规会失去很多机会

勇于突破、敢破敢立，才能超越自己。

做事的时候，我们总是习惯按部就班地去做，很少会去想创新。但是这样只会阻碍公司企业的发展。创新是一家企业发展的灵魂，哪家企业少了创新，就会像丢了魂一样。公司企业是由一个个鲜活的员工组成的，员工们要做的就是尽全力做好自己，勇于突破、敢破敢立，才能超越自己。

现实生活中也会存在类似的事情，过于拘谨、墨守成规的话，就会拘泥于固有的看法，而没有通过自己的观察去分析，有时反而会和机会失之交臂。每个人都有自己的思维定式，比如当我们做数学题的时候，就会按照一定的套路去解答；做化学题时也不懂得联系实际，总是我行我素……当然，这些都是习惯所养成的，习惯成自然，但是有的时候，这是过分拘谨的一种体现，这样的人往往只一条道走到黑，不愿意去变通，最后的结果只能是被别人所遗忘。

有一次，一艘远洋的海轮遭遇了大风浪，不幸在大海中触礁沉没，船上的成员只有9名幸存了下来，他们爬上了一座孤岛。

9个人把这座孤岛走了一遍，发现这座岛上只有石头，没有其他任何可以用来充饥的食物。不仅如此，岛上天气炎热，9人口干舌燥，但是可以饮用的只有海水。身为海员的他们知道，海水又咸又涩，根本不能用来解渴。于是，9个人就开始等，希望奇迹能够出现，有船只经过此岛，帮助他们脱离苦海。

但是等了好久，都没见有人来，8个人相继死亡，最后的一位船员在快要渴死的时候，实在是忍耐不住，就跳进了海里，拼命喝起了海水。这名船员喝完海水之后发现，那里的海水不仅没有咸涩的味道，反而非常甘甜。

就这样，这名船员开始喝那里的海水度日，没过几天，就等来了救援的船只。

后来，科学家来到这里，取了一些那里的海水进行化验，化验结果显示，这些海水根本不是海水，而是泉水，原来，那里不断有地下泉水涌出，而正是这些泉水救活了最后一名船员。

船员给我们好好地上了一课，敢于突破，才能存活，反之，因循守旧的人，只能吞下失败的恶果。不过分拘谨的人是懂得变通的，不会拘泥于自己的方寸之地，而是会把自己的目光放到更广阔的天空中。比如大象，如果把它放到无边的旷野中，它就会成长为强有力的“大力士”，能用鼻子钩起一吨重的物品；但如果从小把它放到马戏团里，大象却可以被拴在小小的木桩上，安安静静地站着，原因就是大象从小就被锁链锁住拴在木桩上，就算长大了将铁链换成了绳子，出于思维定式的考虑，大象也不会再去挣扎分毫。社会每天都在发展变化，如果我们不跟随社会的发展而变通的话，就会让自己不断倒退，被社会所淘汰。

职场中的人更是如此，如果只是墨守成规，去走别人的老路的话，只会让自己成为别人的附属品，根本就没有个人价值，最后会让自己被公司的大潮所淹没。很多人把习以为常信奉为一种真理，总是拿别人怎么样怎么样来讲解道理，这样的话就会让我们逐渐失去对事物的创新思维，进而被陈旧的观念所左右，难以变通，这样一来，公司就不会注意到你，你就会失去展现能力的舞台，难以有所作为。

麦克和迪克的父亲是一位公司老板。当他们两人高中毕业的时候，正好赶上美国大萧条时期，当时很多企业都面临着倒闭，两人的父亲也没能幸免。麦克和迪克无法继承父亲的公司，就出去寻找新的出路。

麦克和迪克经过不断了解，最后选择了经营一家汽车餐厅，在当时，美国餐厅采取的都是家庭经营方式，世代沿袭，没有什么新的突破。虽然两人没有经营餐厅的经验，但是他们两人觉得这是一条可行性道路，于是两兄弟的汽车餐厅就开张了。当时的美国，汽车已经比较普及，开车的人总是喜欢停下来买个热狗再要杯饮料。

麦克和迪克的汽车餐厅越做越大，带动起了当地汽车餐厅的发展，很多人看到汽车餐厅有利可图就照猫画虎，和麦克和迪克抢起了生意。

麦克和迪克发现只要提起汽车餐厅，就会主观上认为汽车餐厅是出售廉价食品的地方，如果因为竞争，让食品成本和劳动力成本上涨的话，生意就很难继续下去了。经过一番调查，麦克和迪克发现，汽车餐厅食物的收入60%来自汉堡，而不是里面所加的排骨，但是很多人还是乐此不疲地为排骨做着广告。

麦克和迪克发现这个特点之后，把汉堡包改为现场制作，并且根据每个人的喜好进行熟食的添加。就是这一简单的变革，让麦克和迪克再次站到了快餐行业的最顶端。

另辟蹊径很重要，墨守成规实在是不可取的。无独有偶，有些新员工刚走进职场的时候，总是听到老员工讲述公司里的各种禁忌：哪些人不能接触、哪些地方不能乱去……这就使得新来员工产生一种固定思维，认为老员工所说就是对的，而不去亲身实践，老员工怎么说，新员工就会怎么做，就连工作也是如此，跟着老员工的经验走，而自己却不去创新，这就是墨守成规的一种体现。

我们很多人总是会受到别人言行的影响，尤其是一些老人或者前辈，他们总会说："我走的桥比你走过的路还多呢！我吃过的盐比你吃过的饭还多呢！"这时候，你对他们的经验之谈就会奉若神明，认为那是一条黄金定律、是真理，根本不敢验证，更不敢打破。

耳濡目染之下，我们就会认为话这么说、事情这么做是理所当然的事情，我们的心理就会被别人的意识所左右，而自己再想突破就会变得非常困难了。但是如果经常这么做的话，只会束缚住我们的思维，让我们本应具有的创新型思维随风散去，这样一来，就很难取得成功了。职场中，我们需要的是自己灵活的头脑，是自己的思维，这些往往比能力更重要。

学会思考会有更多发现

养成思考的习惯，你会发现前方更加开朗。

有位哲人曾说过这样一句话：“忙碌的现代人有如一条奔流的河，活力固然充沛，却往往夹泥沙以俱下；因此忙碌中必须要有闲暇，奔流中必须要能静止。”一个善于思考、一个让思考成为习惯的人很容易找到成功的捷径，实现一加一大于二的结果。而一个不善于思考的人，即便工作再勤奋，也只能是一个能干的“小兵”、一台工作的机器，难成大事。

要知道，这个世界永远不缺会干活的人，因为善于思考的人总是凤毛麟角。任何一个公司在做一件事情之前，如果决策层没有认真地进行思考，这件事情就不会进行得非常出色。而我们在工作中也是如此，在商业化社会里，是没有等式可言的。当你抱怨自己付出那么多却不见成效的时候，也许有人轻轻松松就成了公司的高层管理人员。这里面的差别可能就在于，你习惯于埋头苦干，他习惯于勤奋思考。

众所周知，比尔·盖茨是世界上最富有的人之一，他旗下的微软公司是世界上最赚钱的公司。那么，经营这样一家大公司，他是不是每天忙得连睡觉的时间都没有了呢？答案是否定的。1999年，盖茨在接受中央电视台专访时谈道，作为微软公司的总裁，他的确很忙，再也没有编写软件的时间了。但是无论多么忙，他每周总会抽两天时间，到一个没人打扰的地方自己静一静。

他为什么要这样做呢？难道他不知道如果把这两天也用来工作，他可以赚更多的钱吗？比尔·盖茨解释说，钱是永远也赚不完的，我不想把自己变成微软公司的奴隶，更何况，面对繁重的工作和激烈的市场竞争，我必须拥有专门的时间去思考，否则我就会逐渐失去对目前形势的把握，这是很危险的，甚至会让我陷入万劫不复的境地。

比尔·盖茨说得好，积极高效地工作不等于做工作的奴隶。事情的成败，往往取决于对实际情况的掌握程度，千万不要在事实还不允许作决定之前，便急躁不安、草率行事。我们无法预知未来，所以很多事成功与否常常取决于你是谨慎小心还是鲁莽草率。有些人之所以失败，就败在缺乏思考。他们对事情的考虑总是不成熟，只求做得快、成事快，结果却吞下了失败的恶果。

生活中，很多人的确太忙了，忙得没有时间停下来进行片刻的思考，而他们忙的效果怎么样呢？据调查显示，他们根本没有做成多少事。他们的创意和智慧在忙碌中遗失了。汤姆·汉克斯在电视上接受采访，在回答一个问题时说："多不一定就更好。"他试图传达的信息是：忙碌会碍事。同时进行太多事，有太多计划或细节要照料，可能会使我们分心，无法发挥最佳的表现，当你的脑子装得太满时，就没有空间可以装新点子和创意了。

只有当我们停下来思考的时候，我们才能得到更多、更正确的决策。只有静下来的时候，大脑才是清晰的，思维才是敏捷的。不要再烦恼自己不能像其他人那样有很多创意，不要羡慕不能取得别人那样的成就，实现一加一大于二的梦想。其实，如果你肯多花点时间，养成思考的习惯，而不是一直忙忙碌碌地做事，你会发现自己的人生之路变得豁然开朗。

发挥创造力能创造更多奇迹

人只有渴望创造，才能成功。

公司是一个集体，我们都希望自己能够从中脱颖而出，我们都想成为创造型员工，但是很多时候，这种想法只能停留在口头上，很难付诸实践，我们怎么样才能富有创造力，才能成为创造型员工呢？这就需要我们多思考、多发现，这样，我们才有足够的底气说自己已经在不断成长，只有心中有创意，职场中，我们才会发挥创造力。

F1 赛车是一项跟 4 年一届的世界杯和奥运会具有同等影响力的赛事。每场比赛，每辆赛车都需要进站换胎加油是 F1 比赛的一大特色。F1 的比赛成绩要细化到千分之一秒，也就是小数点后 3 位，因此每支车队都希望能够尽可能地减少赛车在维修站里耽误的时间，用最快的速度完成每一部赛车的进站流程。

一般情况下，F1 赛车的勤务人员是 22 个人。在这其中，有 3 个人是负责加油的，剩下的 9 个工作人员负责为赛车更换轮胎和受损的部件。在这些人中，有的人拧螺母、有的人负责压千斤顶、有的人负责卸轮胎、有的人负责安轮胎……事实上，F1 比赛虽然是个人项目而非集体项目，但其中需要的团队协作精神却是任何一个团队项目都无法与之相提并论的，尤其是维修站的工作人员们，他们做的是世界上最体现协作精神的工作。以现今 F1 车队的水准来说，通过团队的合作，人们可以在7秒内完成为赛车更换全部4个轮胎，并同时加满60公升的汽油。如果不是在F1比赛中，任何一家工厂的维修工人也都不可能达到这样高的工作效率。

诚然，在团队中，单靠员工自己展现创造型才华是不切实际的，这还需要领导的统筹规划。就像上面那个例子所讲的那样，作为一个团队的领导者，你绝对应该把F1车队的勤务团队当作你自己的团队未来发展的标杆，因为给进站的F1赛车加油换胎也许是这个世界上关于团队精神和团队价值，以及一个优秀的团队能够爆发出的惊人潜力的最终极的体现了。当然，组建一个F1车队般高效的团队对于你这个职场人士，尤其是刚刚才当上领导不久的年轻人来说几乎是不可能的，但这并不妨碍你拥有想要当一个好领导的不懈渴望和追求卓越的坚定信念。

一家公司的技术是能复制的，但是一家公司的思想是不能复制的。同样地，员工也是如此，我们的创造性思想是属于自己的，是不可能被别人复制的。

美国德州曾经有一座很大的女神雕塑，经过多年的日晒雨淋，无人管理，已经没有了往日的光彩，已经变成了一堆废物。政府决定把它推倒，但是推倒之后，这座女神像就变成了垃圾，如果要处理干净，就要把这些垃圾运往垃圾场，这笔账算下来，要花上将近3万美元，而且很多人都不愿意做这件事。

商业嗅觉极为灵敏的斯塔克和别人的思维不同，他觉得这是一个商机。他和政府商议，只需政府拿两万美元给他，他就愿意把这堆废物垃圾处理掉。不过斯塔克有一个要求，那就是不管他用这堆垃圾做什么，政府都不能干涉。

政府当即和斯塔克达成了协议。

签完协议，斯塔克马上找人把这些废料进行分类处理：铜的废料就做成纪念章，铝的就做成纪念尺，水泥的做成小石牌……总之，斯塔克把这些废料进行了归类处理，然后物尽其用，都做成了别致的小物品。

不仅如此，斯塔克还故作神秘，招来一批军人，把广场的这些地方都围了起来，禁止路人围观。

斯塔克的神秘举动引起了路人的好奇，他们纷纷猜测，斯塔克在干什么呢？女神像已经倒下了，在这里还能做什么呢？

有一天，一名路人偷偷溜了进去，竟然找到了一枚纪念章，这件事很快就引起了轰动。斯塔克顺水推舟，推出了他的计划，并且说："时间如逝水，永不回头，美丽的女神像已经湮没在历史的洪荒中，而它却给我们留下了很多纪念品，让我们永远记住它昔日的光彩。"

斯塔克的计划成功了，他制作的这些纪念品很快就被顾客抢购一空，他从这些垃圾中赚到了 12.5 万美元。

世上没有垃圾，只有放错地方的宝贝。我们不要总是拘泥于自己的惯性思维，进而忽视了自己的创新思维。其实，成功就像散落在角落里大小不一的铁块，并不是大的铁块就是好的，这时最需要我们做的就是努力发现成功。

我们需要做的，不是把创新放在口头上，而是发挥自己的主观能动性去创新，这样，我们才能锻炼自己、才能成长。创造性思维是需要我们不断锻炼的，只有不断锻炼，我们才能慧眼识珠，才能实现自己的目标。人生很漫长，但是关键的就是那紧要的几步。创新性思维是我们取得成功的重要保证，我们要做的就是尽全力做好自己，这样，梦想才会照进现实。

不盲目相信经验才是最好的经验

从经验中创新是对手永远无法打败的力量。

我们很多人都非常看重经验，认为经验是财富，是自己未来发展的坚实后盾。但是有时候，经验并不是万能的，更有可能会从垫脚石变成绊脚石，而这就是因为我们被经验束缚住了，少了创新性思维。

经验是我们经历的一种见证，但越是如此，就越需要我们合理去分析、合理去利用。更多的时候，经验会左右我们的思维，让我们少了变通，就像是一种本能反应，当我们看到一件事、做一件事的时候，我们更多的时候，想到的是照着经验去做，但是这样很容易把事情变得雷同，而正是因为这样，我们才会离创造型员工越来越远。

前美国总统威廉·亨利·哈里森出生在一个小镇上，年幼的威廉是一个非常内向害羞的孩子，但是因为威廉不善言谈，所以被同龄人认为是傻子。于是，其他孩子就纷纷拿威廉寻开心，他们把一枚1角钱的硬币和一枚5分钱的硬币扔到地上，让他随便捡一个，威廉总是捡那个5分的，大家每次看到都会哈哈大笑。

有一次，一位老人看到了事情的经过，觉得威廉被孩子们欺负很是可怜，就走过去问他："威廉，难道你不知道1角钱要比5分钱值钱吗？"

威廉一脸肯定地答道："我当然知道。但是，如果我去捡那个1角钱的硬币，我怕他们就再也不会扔钱让我捡了。"

有经验的人肯定跟威廉不同，他们一定会去捡 1 角钱，他们知道，1 角钱要远比 5 分钱值钱。但是威廉却不走寻常路，他知道，如果自己捡了 1 角钱，明天就再也没有钱可捡了。经验不是万能的，在很多时候，经验是阻碍我们创新思维发展的绊脚石，当我们的思维被模式化，等待我们的将会是现实给予的最沉重的打击。

经验只代表过去，如果我们常常回想过去的话，只会让固有模式占满自己的大脑。社会在进步，时代在发展，我们要做的就是不断接受新事物、不断转换思维，这样，我们才能离成功更近一步。思维是无形的，创造性思维也是无形的，我们要做的就是把无形的创造性思维运用到现实工作中来。

1917 年，希尔顿退伍后，怀揣着要成为一名银行家的梦想，筹集到了 5000 美元，他准备开一家小银行，然后再另谋发展。但是在当时，银行产业已经饱和了，希尔顿的第一笔投资就打了水漂儿。

希尔顿创业失败之后，心里非常苦闷，但是他没有气馁，他渴望成功，他觉得自己的斗志正在燃烧，他相信在不远的将来，一定能闯出一片属于自己的天地。

就在希尔顿苦恼的时候，他听说得克萨斯州有石油，很多人都跑去挖石油了，而且他们现在都因为挖石油而成为了富翁。但是，等到希尔顿到了的时候他才发现，挖石油需要一大笔启动资金，对于刚受到创业失败打击的希尔顿来说，这笔大数目的启动资金简直就是一个天文数字。

无奈之下的希尔顿只好去了一家旅馆，他想休息一晚，等到明天再想办法，没想到，旅馆竟然没有空房。希尔顿从旅馆人员那里得知，现在挖石油的人很多，旅馆客房每天都会爆满。旅馆每天分成3个时间段，每个时间段8个小时为客人提供住房。希尔顿敏锐地感觉到，以这样的方式来对外面的人出租客房，每8个小时的价钱和以前每一天的价钱相同，这就说明旅馆每天会多获得两倍的利润。

希尔顿看到了希望，他想把这家旅馆买下来。这个决定，为希尔顿今后酒店业的发展打下了坚实的基础。

经过一段时间的发展，1919年，希尔顿在达拉斯建造出了自己的第一家希尔顿酒店。但是好景不长，1929年，美国出现了经济危机。但是希尔顿没有气馁，他选择了继续坚持，最后，创造出了属于他的酒店王国。

人只有渴望创造，才能成功，我们每个人的激情，都源自于自己内心的无限渴望。人只有内心有渴望，才能发挥出强大的创造力，而经验在一定程度上会阻碍我们的渴望，进而导致我们创造性思维的流失。如果一个人总是认同经验能够解决所有问题，那么，他将失去对任何事情的渴望，进而失去对创新的热情。

如果有两个人对坐，在两人中间放上一块面包，一个人表现出对面包强烈的渴望，而另外一个人则表现出无所谓，对面包视而不见，最后的结果肯定是第一个人得到了面包。对于成功视而不见的人是不可能成功的；反之，对成功渴望的人，并且为了成功孜孜以求、不断付出努力的人，他们就会离成功越来越近。

不断渴望，我们才能不断前进。渴望是动力，是创造性思维产生的催化剂，而经验是阻碍创造性思维发展的绊脚石。我们的潜能需要不断激发，而不是依靠经验，让自己变得一劳永逸。适应不断变化的社会，需要的不是我们的经验，而是我们的创新能力。做最好的自己，我们才会成为真正的强者。

失败不过是成功的暂时等待

失败不过是下一次的成功。

我们每个人都会习惯谈起成功与失败，但是往往对这两者的界定不好区分。究竟做到什么地步才算成功，有人认为，一张报纸、一杯茶、老婆孩子热炕头、过好自己的生活就是成功；而有的人则认为，要功成名就、路人皆知才算成功……当然，对成功的界定有千差万别，但是对失败呢？我们每个人都认为失败是很明了的，因此在自己梦想的道路上倒下了。但是，我们要知道没有任何一个人是不经历失败就能取得成功的。

记得一位哲人说过，人生最重要的不是成功了多少次，而是失败之后爬起来多少次。成功固然可喜，失败亦不可悲。人生没有永远的终点，不管成功还是失败，都只是我们一个新的起点，失败并不可怕，只要我们学会创新，就算是再大的失败也能转变为成功。

有人把一只鲨鱼和一群热带鱼放在同一个池子里，池子中央放上一块强化玻璃将两种鱼隔开。最初的时候，鲨鱼每天都会拼命撞击那块强化玻璃，想到外面去觅食，但是换来的结果只是头破血流，而玻璃却毫发无损。

就这样日复一日，鲨鱼的斗志逐渐被消磨光了，即使玻璃出现了裂痕，也会有人马上补上一块更厚的玻璃。最后，强大的鲨鱼忌惮了，再也不去撞那块玻璃了，只是每天吃饲养员喂它的食物。

实验到了最后阶段，有人把强化玻璃取了出来。但这时的鲨鱼早已经没有了当初的激情，再也没有越过强化玻璃曾经所在的那个位置。

无独有偶，有人把几只跳蚤放在密封的玻璃瓶子里，在最初的时候，跳蚤试图逃出去，每次都跳得很高，但每次都要撞到瓶盖。在几次失败碰壁之后，为了不致撞疼脑袋，跳蚤开始调整策略，虽然它仍旧在跳，但是跳跃高度已经不足以触及瓶盖。

这个时候，玻璃瓶盖被打开了，但是跳蚤仍然没有跳出瓶外去，因为它已经把自己的跳跃范围限制在自己所设定的范围内。其实，跳蚤只要稍微跳高一点，就可以获得自由，但是它没有。就算实验者再怎么拍桌子，跳蚤都是静止不动。

人之所以失败，只是把自己局限在一个狭小的区域里，在这个区域里没有创新、没有梦想、没有成功，我们要做的就是突破压制自己的圆，摒弃失败与悲观的想法，职场中的我们都希望能够取得成功，都希望能够实现自己的人生价值，但是很多人往往只停留在幻想阶段，一遇到挫折就会变得极其焦躁，所有的信心全都灰飞烟灭了，自此之后就开始一蹶不振，对待工作也是敷衍了事。

有的人则不然，这些人有自己的目标，知道自己的未来在何方，就算遇到再大的失败，也只是会微微一笑，梦想总能燃起他们心中的火焰。当一个人心中有远方、有未来的时候，他的思想就不会停止，就算是失败，也只能算是他所遇到的小关卡，未来就在前方，他要做的就是坚定不移地走下去，相信明天会更美好。

休斯·查姆斯在担任美国“国家收银机公司”销售经理期间曾亲手为公司化解了一次很严重的财政危机。

当时，公司的资金周转出现了一些问题，这一情况不知通过何种渠道传到了销售人员的耳朵里。结果闹得人心惶惶，人人无心工作，导致销售量开始下跌。销售部门不得不将全美各地的销售骨干召集到一起开会，力图安抚人心，把销售人员的干劲找回来。查姆斯主持了这次会议。

会议一开始，查姆斯先是把手下几位最好的推销员叫了出来，要他们说明销售量为何会持续下跌。这些被叫到名字的销售骨干们每个人都有自己的借口和理由：经济不景气、资金缺乏、人们都希望等到总统大选揭晓后再买东西等。

突然，查姆斯打断了手下的诉苦，跳到一张桌子上，高举双手，要求大家肃静。紧接着，他说道：“我要求会议暂停10分钟，让我把我的皮鞋擦亮。”

然后，查姆斯把门外待命的一名黑人小工友叫了进来，并要求这名工友把他的皮鞋擦亮，而他就站在桌子上一动也不动。

在场的销售员都惊呆了，有些人以为查姆斯发疯了，人们开始窃窃私语。可是，那位黑人小工友丝毫不为所动，按部就班地进行着自己的工作，表现出第一流的擦鞋技巧。皮鞋擦亮之后，查姆斯给了小工友1美分工钱，然后开始发表他的演说。

查姆斯说："我希望你们在座的每个人都好好看看这孩子，因为你们都需要向他学习。他是个擦鞋工，他拥有在我们整个工厂及办公室内擦鞋的特权。他的前任是位白人小男孩，年纪比他大得多。公司对那个白人小孩仁至义尽，每个月发给他5美元补贴，但是他仍然不能从公司里的数千名员工那里赚到足够的生活费。

"而他，这位黑人小男孩则完全不同，他和他的前任的工作环境是一样的，只是公司没给过他1美分的补贴，可他不仅能够养活自己，每个月还可以存下一点钱来。现在我问你们一个问题，那个白人小男孩拉不到更多的生意，是谁的错？是他的错，还是他顾客的错？"

那些推销员们异口同声地说："当然是因为那个小孩不够努力，他没有尽到自己的责任！"

"没错。"查姆斯回答说，"那个白人小孩的确没有尽到责任，但是你们呢？你们现在的工作条件和背景跟一年前完全相同：同样的地区、同样的对象，这一年来政府也没有什么大的举措。可是你们的销售业绩与一年前相比却相差甚远。这是谁的错？是你们的错，还是顾客的错？"

同样又传来如雷般的回答："当然是我们的错，是我们没有尽到自己的责任！"

"我很高兴你们能坦率地承认自己的错误，没再用那些无谓的解释来搪塞我。"查姆斯继续说，"我现在要告诉你们，你们错就错在听信了有关本公司财务发生困难的谣言，进而忘记了自己的责任，因此你们不像以前那般努力了。只要你们回到自己的销售地区，并保证在以后30天内，每人卖出5台收银机，那么本公司就再也不会发生什么财务危机了。你们愿意这样做吗？"

会议室内群情激昂，大家纷纷表示"愿意"，后来他们果然办到了。而且他们再也没有拿经济不景气、资金缺少、人们都希望等到总统大选揭晓以后再买东西等无谓的解释来当作他们推卸责任的借口。

成功是失败的下一站，当我们发现自己在岔路上行走，或者已经走到了失败的路上，不要灰心，我们要相信，成功就在下一个转角。能力越大，责任越大，当我们不断变强的时候，就更需要看清脚下的路。

比尔·盖茨创办的微软公司，在面试的时候往往会问应聘者：“你现在用的电话有什么缺点？怎么改进它？”或者“龟兔赛跑时，如果兔子没有睡觉，乌龟怎么赢得比赛？”当然，在我们常人看来，这些问题根本与工作没有关系，但是这些却是微软非常重视的问题，因为根据应聘者对这类问题的回答，面试官可以马上判断出面试者是否真的具有创新思维。

其实，创新就是一种思想，是一种积极的思想，它可以让我们在最短的时间内摆脱失败的困扰，进而重新燃起对成功的希望。《创新的挑战》一书中，戴维·赫西曾写道：“创新是工作中的新思想，它可能是一个流程的简单的改变，也可能是复杂的全新市场的进入。”创新是灵魂，它能指引我们向着成功不断迈进。

换个角度海阔太空

只会使用锤子的人，总是把一切问题都看成是钉子。

我们要知道，人生中走弯路的人很多，如果我们总是不撞南墙不回头，等待我们的将会是失败的苦果。人需要转变，不管是生活还是工作中，我们都要懂得变通，穷则变，变则通，就是这个道理。

当我们换个角度看世界的时候，有可能会看到更广阔的天空，而创新思维也会因为我们的转变而来到我们身边。记得一位心理学家曾经说过："只会使用锤子的人，总是把一切问题都看成是钉子。"我们需要突破，需要改变自己，这样，我们才能看到一个强大的自己。

霍宏宇在一家公司工作了两年，前不久，刚刚被提升为部门经理，这次升职让霍宏宇非常开心。但是没过多久，他发现，自己和同事之间关系疏远了许多，而且自己给下属布置任务的时候，他们总会敷衍了事，根本没有认真去做。

霍宏宇非常生气，把这几名员工叫了过来，大声斥责了一番，但是下属依然我行我素，等到霍宏宇再找他们时，他们就会说出很多借口。这让霍宏宇非常头疼，而他根本就想不明白，这些以前和他关系不错的同事，怎么一成了自己的下属后，就喜欢处处跟自己做对。

有一次，霍宏宇在公司食堂吃饭，他无意中听到他部门的两名员工在聊天，听到了他们与他做对的原因。

原来，霍宏宇在这个部门不是资历最老的，也不是年龄最大的，但是自从他升职了之后，同事们觉得霍宏宇整个人变了，动不动就会数落下属，认为总觉得比别的员工高了一大截，批评员工的时候，也丝毫不会顾及他们的面子，所以大家都跟他保持着距离。

知道原因之后，霍宏宇就开始适当地改变自己，尽量放低自己的姿态，融入到员工中去。以前自己批评员工的时候，不注意技巧，现在他总是先表扬下员工的工作成绩，再说工作上的不足，慢慢地他和同事们的关系又恢复如初了。

给人坏印象不难，树立好形象就会难上许多了，尤其是在职场这种竞争激烈的地方。虽然霍宏宇没有做错什么事，但是由于他的态度是居高临下的，就自然会被员工所排斥了。这时，霍宏宇就换了一个角度，他选择了保持谦卑的态度，这样一来，就和员工站到了一条线上，员工也不会再排斥他了，反而工作得更加努力了。

我们选择了什么样的人生，就会成为什么样的人。当我们换一个角度去选择，我们就会发现另外一个自己。不要把苦难想得过于压抑，苦难是一笔财富，关键在于我们怎样看待问题。电影《童梦奇缘》中说，人生就是一个过程，可悲的是它无法重来，可喜的是它根本不需要重来。

职场中，我们怎么看待工作，就决定我们能够在职场中达到的高度。一个负责的员工会有很强的创新精神，他们对待工作一丝不苟，还会把自己的想法和创意融入其中，正因为这样，他们才会找到自己的方向，才会看到更清晰的未来。

肖暮曾在一家小公司做业务员，为了谋求更好的发展，他到一家大型合资企业参加面试。这家公司的待遇较高，发展空间又大，可以说应聘者踏破了该公司的门槛，其中也不乏一些经验丰富的销售精英。面对高手如林的竞争，如何才能脱颖而出呢？肖暮思前想后，决定在简历上玩点儿“伎俩”，吸引面试官的眼球。

应聘那天，肖暮将自己的简历递给面试官。负责招聘的人事部经理看了肖暮的简历，发现与其他的简历不太一样，上面不但有他的工作经历及业绩，另外还单列一栏，介绍自己的缺点：性格急躁、做事固执等。

人事部经理颇为困惑，就问肖暮：“你为什么这么直白？怎么连缺点也不加掩饰地写在上面？难道你不怕暴露短处而遭拒绝吗？”

肖暮非常坦然而又真诚地回答道：“没有任何人是完美的，我也一样。我想，让用人单位了解我的缺点甚至比知道我的优点更重要。而且，也只有不回避自己的缺点的人，才会有决心和勇气改掉。”

听了肖暮的回答，人事部经理非常满意，就爽快地对他说：“好，我非常欣赏你这种不回避缺点的勇气，再说我们公司也正需要像你这样的人才，那么这事就算定下来了，下周一准时来公司报到吧！”

很多时候，我们要学会面对现实，就算我们有缺陷，也要学会直面缺陷，拿掉那块遮羞布。只有敢于正视缺陷的人，才有勇气战胜缺陷。生活中可以存在种种劣势与缺陷，也可以将永恒的、坦然的微笑挂在嘴角。这就是人生，虽不完美，却像珍珠一样明亮美丽。不管什么时候，我们都不应抱怨，要保持一种良好的心态。失意的时候，不夸大缺陷、埋怨缺陷；得意的时候，也不应否认缺陷的存在。人生可以在缺陷里寻找完美，也可以在完美中留下缺陷，如果不能领悟到这一点，那么未来的生活就会有更多的缺陷。

这就是角度问题，当我们学会转换角度的时候，我们就会感觉一块大石头落地了，而我们则看到了一片更为广阔的天空。其实，从某种意义上说，不完美是上帝赐予我们的恩惠。如果一切都是完美的，也就没有了发展空间。正因为一切都并不完美，所以人才有了愿望、有了希望、有了目标、有了追求与拼搏。而如果自己陷入了一个追求完美的牛角尖里，则是自己把自己陷入了人生的死循环。只有接受不完美，才是生存的智慧，是营造快乐人生的技巧。善于接受不完美者，必定会拥有幸福的人生。

第9堂课

精致细节 雕琢优秀的员工

细节决定成败。一个能把各方照顾周全、行事有眼色的人才绝对能获得老板的更多青睐。因为谁都愿意被细致地照顾，被舒服地服务。做最好的自己，注重必要的细节，就一定可以升级成优秀的员工。

不以善小而不为，不以恶小而为之

小错不改，终会大错。

金无足赤，人无完人。在漫漫人生路上行走，我们难免会犯各种各样的错误，犯错误是不可避免的，但是知错就要能改，小错如果不改，就会变成大错，积怨成疾，最后就会积重难返了。也许我们认为不注意细节没关系，只要大的方面没有疏漏就可以了。但是，正是因为有这样的思想，我们才会把小错变成大错，最终走向失败、走向灭亡。

有一家餐厅从经营初期开始，生意就非常火爆，经过一段时间的发展，餐厅生意变得更加红火了，餐厅上下的人都非常忙碌，以致餐厅窗户的玻璃碎了一小块，都没有人发现。

窗户玻璃碎了一小块，非常惹眼，每一个人经过餐厅的时候，都会习惯性地向餐厅看一眼，但是没有人愿意管它。

有一天，餐厅快要关门的时候，一个淘气的小男孩从餐厅边上路过，看见玻璃坏了，就捡起地上的一块石头向玻璃砸去，这样一来，玻璃坏的一角变成了一片。

老板看见了，就打算把窗户玻璃换掉，但是因为餐厅的生意火爆，他顾不上去修理玻璃，这件事就耽搁了下来。

没过几天，又有两个淘气的小男孩经过，捡起石头向玻璃砸去，这样一来，整块玻璃都被砸掉了。老板这才下定决心把玻璃换了，等到换完之后，老板怕孩子们继续搞破坏，就站在窗户后面守着，但是接连一个星期都没有小孩砸玻璃了。

玻璃碎了，没人修理，这就给别人一种心理暗示：就算打碎更多的玻璃都不会有人管。这样的情形在公司企业里也是屡见不鲜，有些员工犯了一点儿小错，管理者有时候是因为没发现，有时候却是因为懒得去管，这样一来，员工在心里就会觉得："我犯小错没人管我，那么，我犯大错也不会有人管了？"这样一来，公司里投机取巧的人就会越来越多，最后，公司就更加难以管理了。

员工犯了小错误，管理者不及时制止，就会在员工心里产生一种暗示，小错误可以被接受，那么大错误也当然可以容忍了，这样一来，公司的问题就会越来越严重。管理者应该防微杜渐，发现员工犯了错误，不管大小，都应该及时制止，不能让其他员工再犯同样的错误，更不能让小错误扩大化。

很多时候，大错的由来就是因为对小错的纵容。作为公司里的管理者应该重视员工，善于发现他们的错误，及时制止，这样，他们才会及时改正。对待员工的错误，如果公司管理者只是听之任之，就会让他们产生侥幸心理，认为自己投机取巧取得了成功，就算再这么做下去也不会被发现。

老子曾说："天下大事，必作于细；天下难事，必作于易。"海尔总裁张瑞敏说过，把简单的事做好就是不简单。伟大来自于平凡，如果我们不严格要求自己，只会让自己走向平庸的道路。细节决定成败，如果细节上犯了错误，最好的办法就是及时改正，让错误及时消散于无形，这样，工作才会避免磕磕绊绊，变得更加顺利。如果你是员工，一定要注重细节，一些微小的地方往往隐藏着巨大的危机；如果你是老板，就更应该注重细节，因为公司发展离不开细节，只有把简单的事情处理好，公司才会变得强大。

美国纽约有一家工厂，虽然规模不大，但是平时纪律严格，很少有员工犯错误被解雇，这都得益于管理者的及时纠正，在错误发生的萌芽阶段就及时把错误的苗头扼杀掉，这样就在公司内部形成了一个良性循环。

有一天，工厂的老车工皮特为了能在中午之前将剩下的工作完成，就把切割刀前面的防护挡板卸下了一块，由于高度降低了，装卸加工零件就变得非常方便，但是由于少了上面的防护挡板，这样的操作就埋下了危险的隐患。

公司经理巡视的时候发现了皮特的违规做法，非常生气，命令他马上把防护挡板装上，并且扣了皮特当天的工资，最后处理等老板来了之后再作定夺。

第二天，老板来了，经理把皮特违规操作的做法告诉了他，老板非常生气，当即下令把皮特解雇了。

从此之后，再也没有员工敢违规操作了，公司的发展也变得非常顺利了。

没有规矩，不成方圆。每一家公司都有自己的管理制度，作为员工，首先要做的就是按规矩办事，不能越雷池半步。管理者更应该走近员工，及时处理他们工作过程中的不当做法，这样才能起到防微杜渐的效果。

当然，管理者应该防微杜渐，员工就更应该以身作则、做好自己。犯错误之后就应该及时改正，这样一来，我们才会养成良好的习惯；如果知错不改，只是一味地听之任之，最后，深受其害的其实是你自己。灾难不是一天两天就能发生的，而是通过日积月累，由量变到质变，小错误才转变成大灾难的。防微杜渐，及时纠正小错误，大灾难才会离我们越来越远，进而消散于无形。

公司需要管理、需要发展，在发展过程中，难免会犯错误、会走错路，这就需要公司管理者及时作出调整，让企业的错误由大化小，最终消散于无形。我们每个人都不是十全十美的，这就注定会不可避免地犯错误。我们不怕犯错误，就怕知错犯错、知错不改，这是人生的大忌。

人生需要时时鞭策，如果我们总是依赖于别人，自己没有自律性，总是任由小错发展，等到时间一长，我们就会发现，原来，我们不曾在乎的细节正是左右我们人生发展的一堵墙，想要打破瓶颈、打破束缚，就应该从细节抓起，这样，我们才能避免疏忽，做好身边的每一件事。

注重细节创造机会

细节决定成败，而职场需要细节。

我们都知道物质决定意识，但我们也常常会为意识的产生而纠结，因为意识的产生很难用常规思路来解释。在实际生活中，我们体会过一种现象，那就是预感，其实，预感恰恰就是潜意识发挥效应的所在。

我们每个人都有一定的预感，当我们总是去观察细节的时候，我们就会发现，潜意识中，就会有细节的影子，当细节出现，我们就能预感到会有什么事情发生。

日本医学博士兼量子力学专家江本胜通过对水结晶的研究，他发现，人能产生无形的意识，而这种看不见、摸不着的意识会影响外在物质，让其发生变化。

江本胜博士的实验表明：如果人们对瓶子里的水发出的潜意识表现爱和感谢的时候，瓶子里的水就会变成非常漂亮的六角形结晶；如果人们对瓶子里的水发出的潜意识是愤怒和悲伤的时候，瓶子里的水就会变得非常散乱、破碎。

很多世界著名的量子物理学家经过研究发现，人类的潜意识和宇宙的物质休戚相关。潜意识也是能量的一种，而这种能量能对我们周围的能量和物质产生影响，并且引起变化。

预感是由一种潜意识在发生作用，它可能让我们感到不安、恐惧等，而这种潜意识就促使我们及时采取行动，避免灾难发生。预感有时候也被人称作第六感，很多人都有过这样的经历，就是一直在想某人的时候，他就会不经意地出现了。

当然，职场中需要重视细节，但是细节上的一些提示往往会让我们预知到未来。例如，对于一份策划案，我们总是感觉哪里不对，但就是想不起来，最后，落地实施之后，我们就会发现，这份策划案失败了。当然，这其中的缘由就是细节，只要我们多重视一些，我们就会了解更多，这时，我们才能对它进行汇总，避免在细节上出问题。

人有时候需要唤醒自己，很多时候我们都是很粗心的、都是不重视细节的，长此以往，我们的潜意识就会变得不重视细节，这样就会让我们的大局被细节左右。窥一斑可知全豹，职场中，不重视细节的人，是很难取得成功的。

细节决定成败，而习惯性的细节则会左右你的潜意识，让你可以提前预知事件的结果，进而做好准备。人需要积累经验，而最好的经验、最精确的经验，是体现在细节上的，我们要做的就是多去关注细节，这样，我们才能做到万无一失，才能说把工作完美地完成了。

关琳2001年大学毕业后，到一家四星级酒店工作。她的工作职责就是为一位刚刚聘请来的法国大厨当助手。大厨维克多是个雪茄迷，业余时间外出散步时，维克多经常对关琳讲起雪茄。

一次闲谈中，维克多告诉关琳，雪茄在欧美国家几乎是无处不在的。出入商务会所，朋友会请你到雪茄室抽一支；每家酒店里都有颇具规模的雪茄专卖店；就算去酒吧喝酒，侍应生也会给你递来雪茄单，毕恭毕敬地向你推荐“大卫杜夫”、“卡西亚维加”。可是，在这里想买到优质雪茄却非常困难。

听了维克多的“抱怨”，关琳灵机一动，她想到这里有众多的外国人，他们买优质雪茄如此困难，如果自己开一家雪茄专卖店的话，只要品种齐全，必定会非常受欢迎。关琳把自己想开雪茄店的打算告诉了几位女友，她们一致认为这是个好主意。但是，雪茄是一种“奢侈品”，开一家专卖店需要投资很多钱。比如产自牙买加的“麦克纽杜”的价格为250元、多米尼加的“大卫杜夫”的价格是400元，有的甚至上千元。到哪里去弄一笔启动资金呢？

正当关琳愁眉不展时，维克多对她说：“关，我虽然不喜欢做生意，但是我对你开雪茄专卖店的想法非常感兴趣。如果可以的话，我愿意以入股的方式投资一部分钱。”关琳惊喜异常，没想到这位法国大厨关键时刻竟帮了自己的大忙！

关琳很快辞去酒店的工作，在靠近使馆区的地方物色了一个门面，和几个懂行的朋友一起动手装修，忙活了两个多月，一家风格独特的优质雪茄专卖店终于红红火火地开业了。关琳的店有30多平方米，很宽敞，招牌上没有中文，只有一行字母Montecristo(蒙特)，这是古巴雪茄中一个非常有名的品牌，内行人一看就知道里面经营的是什么。

第一个月，关琳收入了将近3万块钱，在外人看来这已经非常成功了。可是，关琳一算，除去昂贵的房租和日常开支外，几乎没什么利润。第二个月，雪茄店的营业额仍在这个数字上徘徊，没有进展。她非常着急，如果再这样下去，用不了多久店铺就得关门了。

为了让更多的外国人了解“蒙特”，关琳特意向领事馆发函介绍“蒙特”，同时还在一些主流英文媒体上做广告。这个办法效果很好，很快，使馆区的老外都知道“蒙特”经营着品种极为丰富的高档雪茄。从此每天都有许多穿着讲究、讲不同语言的老外在店里进进出出，“蒙特”简直成了各国外交官的天下。

后来，关琳根据顾客的需求增加了酒水服务项目。因为许多外国人喜欢边抽雪茄边品尝威士忌、白兰地、人头马之类的洋酒；也有些人喜欢把雪茄放在威士忌酒里蘸一下，再拿出来点燃。他们围坐在舒适的休闲椅上，在若隐若现的柔和灯光下听着抒情的爵士乐，品着陈年美酒，沉浸在雪茄的香醇中，非常惬意。

经过一系列的“改良”，从第四个月开始，关琳的店就开始赢利了，除去各项开支净赚两万多元。在第五个月，这个数字猛然上升到4.6万元。

我们每个人都是机会的创造者，关键在于你愿不愿意利用细节的魅力去创造。很多人想要强大富有，但是却没有发现细节的可贵之处，总是听之任之，不去发挥自己的主观能动性，最后的结果只能是非常可悲的。

著名科学家爱因斯坦曾说：“想象力是一切！它是你生命中即将被吸引来的结果之预演。”所以，你看到的细节所产生的潜意识就是你想要的结果，不管这样的结果是好是坏，都是你的做法所产生的结果。

读懂细节，我们才能创造奇迹。细节可以引导我们的潜意识发展，也可以引导我们一步一步向成功迈进。当我们重视细节，细节就会成为我们身边不可或缺的一分子，每一天，我们都会在细节的指引下去完成工作。当我们与细节为伴，我们就会发现，原来我们可以做得更好，而结果也正是我们所期待的。

熟悉更多细节打造更高品质

有时细节到位了，事情也就成功了。

梦想有多大，我们就能做多大。在岗位上，无论你有多高的能力，如果不熟悉自己工作的每一个细节，不将自己的判断力、丰富的专业知识和工作中的具体细节联系起来，那么最终难以取得大的成就。

工作中的细节看起来微不足道，但实际上很多时候，工作中的关键点就在那么一点细节上。细节处理好了，那么工作中的很多困难很可能会迎刃而解，工作质量会得到巨大的提升；处理不好，就会给自己制造障碍，解决起来就会比较吃力，原有的优势条件也会变成劣势条件。

泰国的东方饭店是亚洲一个有名的高档饭店，饭店的客人来自于亚洲和西方很多发达国家，想要住在这家饭店并不是一件容易的事，经常要提前一个月预订才行。饭店的成功在很大程度上来源于经营者对细节的追求。

一位王老板有一次去泰国做生意就住在东方饭店，饭店的服务让他很满意，给他留下了很好的印象。因此当他第二次来泰国时又住进了东方饭店。

早晨醒来，王老板打算去餐厅吃早餐，当他一出房间，早已站在门口的服务生就恭敬地问道："王先生要用早餐吗？"这个举动让王老板很惊讶，他昨天晚上才刚刚住进这个饭店，怎么服务生第二天就知道他姓什么呢？

原来饭店有这样一项规定，凡是当天入住饭店的顾客，服务生必须在晚上背熟客人的名字；当王老板进入餐厅时，服务小姐微笑着问他："王先生还要坐老位子吗？"这次王老板更惊讶了，因为距离上次他来东方饭店已经一年多了，服务小姐的记忆力会这么好吗？还记得我上次吃饭时坐的位子。

原来客人就餐时的座位都记录在饭店的电脑里了。在王老板进入餐厅时，服务小姐已经快速地查阅了电脑记录。当王老板坐下准备点餐时，服务小姐又问道："还要老菜单吗？"这次王老板已经不再惊讶了，他非常高兴地说："老菜单，就要老菜单！"

上餐时，餐厅赠送了王老板一碟小菜，王老板以为是菜上错了，就问："这是什么？"服务生先退后一步，然后告诉王老板这是餐厅送的小菜。之所以要退后一步，是怕自己说话时口水不小心落在客人的食物上。

在其他饭店只是达到一般的服务水平时，东方饭店进一步挖掘，追求完美，抓住许多别人未在意的不起眼的细节，坚持不懈地把周到的服务延伸到方方面面，因此吸引了来自全球各地的客人慕名来到东方饭店。

刚刚走上工作岗位的我们，要做一个胆大心细的人，因为工作中的细节是我们无法忽视的成败关键。为什么细节那么重要？因为品质来源于细节，因为成败取决于细节。细节做得不到位，构思设计得再巧妙也无济于事；细节做得不过关，再宏伟的建筑也是一个伪劣工程。同理，在岗位上关注每一个细节、熟悉每一个细节，才能提高工作的质量，做到真正掌握自己所做的工作。然后才可能以自己的岗位为基础，逐渐在岗位上创业。

美国的石油大亨约翰·洛克菲勒曾经说过："当听到大家夸一个年轻人前途无量时，我总要问：他从工作细节中学到了东西没有？"

很多成功者的经验告诉我们：世界上没有做不到的事，只有做不成事的人。有些时候细节只要做到位了，那么事情也就做成功了。

所以，如果一个人有很高的学历，但是对待工作不认真，不能够将敏捷的判断力、准确的逻辑推理能力、丰富的专业知识和工作中的具体细节联系起来，不管他工作了多少年，最终也会一事无成。

曾经有一家国际贸易公司招聘业务人员，有一位年轻人前来应聘，他毕业于名牌大学，又有3年在外贸公司工作的经验，在众多的应聘者中，他算是各方面条件相对不错的一个了。

“你原来在外贸公司做什么工作?”主考官问道。

“花椒进出口贸易。”年轻人回答。

“近几年的花椒质量下降，销路非常不好，你知道是什么原因吗?”主考官又问。

年轻人下意识地想到了花椒采摘手法对质量影响很大，就说：“一定是农民在采集花椒的时候不够细。”

出乎年轻人预料的是，主考官给他讲起了花椒采摘的门道。原来花椒采下来以后，要在太阳下暴晒一整天，如果晒不好，就不能称之为上品。但是最近几年，很多农民为了图省事，把采集好的花椒放在热炕上烘干。这样烘出来的花椒虽然从颜色上看起来和晒过的花椒差不多，但是味道就相差很远了。这种产品的销路当然就不会像原来那么好了。

“一个好的业务员要重视工作中的每个细节。”主考官最后送给年轻人一个最好的答案。

我们周围有很多这种情况，对工作的环节始终把握不到位、“熟不生巧”的人比比皆是。为什么会出现这种状况呢？一个很重要的原因是，他们对工作中的细节的忽视，做起事来敷衍了事，对每件事仅仅了解一个大概就满足了。或许，你的主管并不了解你的表现或熟知每一份工作的细节，但是，作为一个想要在岗位上有所作为的员工应该明白一个道理：掌握工作中的每一个细节最终能给自己带来巨大的好处。

一个员工即使在自己的岗位上工作了很多年，如果他在工作中不注意工作的细节，也不会从细节中积累经验，那么除了薪水以外，他将一无所获。虽然他的工作重复了很多次，但是他没有留意过每一次都有什么不同，也没有思考过为什么这一次做得不如上一次好等问题。他从来不会给企业的领导提出一些建设性的意见，因为他脑子里就没有什么建设性的想法，他每天做工作只是为挣钱糊口。如果他所在的企业对他的要求不高，那么他也能在这里一直工作下去，但是只能平平淡淡地工作着，没有什么起色。

如果有一天，这家企业倒闭了，这个员工不得不到另一家企业去应聘，那时他除了可以说自己虽然年纪大，但是体力没问题，仍然可以工作 8 小时以外，从业的经验似乎不能成为他的竞争优势，因为他在过去的工作中几乎就没有积累过什么经验，优势也就无从谈起了。

细节决定成败，有些人虽然努力过、牺牲过，但是粗心大意最终成为了他们的墓志铭。做事一定要动脑子，将工作中的细节把握透彻，做事的时候知道轻重缓急，不断提高工作效率，逐渐地就会达到事半功倍的效果。只有将本职工作做好了，才有可能实现创业的梦想。

积小成大造就成功

多注意一些细枝末节，多一些无限商机。

把小事做好、把细节完善好，领导就会注意到你；把大事做好、把细节完善好，领导就会器重你。一个人对工作的态度至关重要，当我们重视工作的时候，工作也就自然会掌握在你手中，当我们不重视工作的时候，工作就会脱离我们的掌控。我们要成为工作的主人，而不是成为工作的奴隶，这样，我们才能把小事当成大事来做，我们就能做好领导安排给我们的每一份工作。

1960年，美国加州哈佛大学博士罗森塔尔做过这样一个著名的实验。

新学期伊始，罗森塔尔将3名老师叫进了自己的办公室，对他们说："经过我们对你们一年工作的评定，我们发现，你们3位是我们学校最优秀的教师。所以，我们特意挑选了100名学生，这100名学生是全校最聪明的学生，他们的智商都非常高。我把这100名学生分到你们所教的3个班里，希望你们能好好教导他们，争取让他们取得更大的成绩。"

3位老师听了非常高兴。最后，罗森塔尔还特意叮嘱这3名老师："教导这些孩子就像普通孩子一样，不要让他们知道自己是被挑选出来的高智商学生。"3位老师欣然答允了。

一年之后，这100名学生所在的3个班果然名列全校之首。这时，罗森塔尔和3位教师说出了真相：其实，这100名学生都是随机挑选出来的普通学生，并不是特意挑选出来的高智商学生。

3位老师听完，纷纷愕然，随即想到，那我们3个人的教学水平真是太高了，无愧于“全校最优秀教师”的称号。

接下来，罗森塔尔又说出了另一个真相：其实，这3位老师的教学水平并不高，他们也只是被随机抽调出来的老师而已。

自信、强大的心理暗示是我们做好工作的根本保证，当我们认为自己能行、能把工作做好的话，我们就能把工作做好。我们要有源源不竭向上的动力，这样，我们才能充满活力和希望，才能向着目标去努力。就像这3位老师和学生一样，本来他们不知道自己能成为什么，但是当有人暗示他们之后，他们才发现，自己做什么都可以，只要是能让他们做的，他们就能做好。

这是一种对信心的培养，是自信，视大事与小事等同，这样，我们才有动力去认真完成每一件事。人生的道路有长有短、有大有小，当我们走小路的时候，我们要知道，我们在做什么，这样，我们拥有走大路的心，才能把小路走出大路的感觉来。

人生无贵贱，工作也是如此，我们要知道，机遇往往只会降临到那些随时注意把握生活细节的人身上。俗话说，世上无难事，只怕有心人。在市场经济中，有心人有占不尽的市场、发不完的财。那么怎样才能成为“有心人”呢？成功者的实践经验告诉我们，只要多注意生活中的一些细枝末节，也许就会发现身边商机无限。

鲁托就是这样一位有心人，他从女友迷人的裙子上获得了为可口可乐公司设计瓶子的灵感，用新的理念和新的眼光细心地去观察、琢磨，进而占有市场上的大量商机，令他名利双收。

可口可乐是风靡世界的饮料，它的成功除了“硬件条件”的配方，同时不能忽视的是它不断改进的瓶身设计。也许，你可能还不知道可口可乐瓶子到底经过了怎样的变迁吧?

过去，可口可乐的瓶子与其他品牌的饮料瓶子没什么两样，都是玻璃的，都一样高，毫无特色可言，如果不细看瓶贴是很难把它与其他饮料区别开来的。后来，可口可乐的瓶子变矮了一些，而且玻璃上还带有它独特标志的棱带或花纹，能够让顾客一眼就认出它来，这种改进使可口可乐的瓶子增强了牢固感、易握感和美感。现在在一些饭店和商店里还能偶尔看到这种所谓的玻璃瓶装或是简易装的可口可乐。实际上，它是正宗的可口可乐的包装。虽然随着塑料的广泛使用和易拉罐的兴起，这种具有特色的可口可乐瓶子变得罕见了，但在当时，这绝对是饮料瓶子上的一场革命。这个设计的成功，让可口可乐获得了巨额的利润。

20世纪20年代，美国有个名叫鲁托的青年制瓶工人。一天和女友约会，女友穿着一条款式新颖的裙子，这条裙子在膝盖上面的部分较窄，使腰部显得富有吸引力。鲁托目不转睛地望着女友的裙子，女友觉得很不解，便问他：“你在想什么呢?”

鲁托回答：“我在想着瓶子。”

“你明明是看着我的裙子，怎么会是想着瓶子呢?”女友觉得很奇怪。

“如果把瓶子做成你那条裙子的式样就好了。”鲁托说。

女友知道鲁托的事业心很强，而她看中的正是他这一点，因此她非常欣赏并支持鲁托汲取裙子设计的优点，进而改进瓶子的设计。于是，鲁托把女友裙子的线条引进到瓶子上来，做成了一种富有线条美的瓶子，还在瓶子上加上女友裙子布料一样的花纹，新颖的可口可乐瓶子就这样做出来了。这样的设计成果，不仅让瓶子看上去更加美观、别致、易握，而且瓶子上由于有了线条，让里面装入的可口可乐看起来也比实际分量要多。

1923年，鲁托将新设计的瓶子专利卖给了可口可乐公司，并成功获利600万美元，这一设计也让他在一夜之间名利双收。

事实证明，在现实生活中，只要多留心，商机便无处不在。有一个名人曾经说过："谁掌握了信息，谁就掌握了未来。"这句话同样适用于商业领域。要想成功，不仅需要努力，而且，你最好还要有一双善于发现机会的眼睛，善于发现和把握一些在生活中不显眼的商机，对之有效地加以利用和发挥，就一定能够叩开成功的大门。

生活中铺天盖地的海量信息每时每刻都在向我们涌来，能否带来致富机会，关键就在于我们是否注意身边小事，能从看似琐碎的细节中洞察信息的价值。如果你只是"两耳不闻窗外事"，自然就更不会在意身边发生的小事情，如此，又怎能准确把握生意场上的脉搏？只有时刻想着如何依靠身边随手可用的"细节资源"，才能让我们有所突破、有所成就。

重视细节用专注实现梦想

细节创造优势，细节凝聚效率。

我们常常会听到专业这个词，我们处在自己的工作岗位，在公司有自己的位置，这就说明，我们在公司就是专业的。既然公司选择了我们，就是认同了我们的价值，这种认同是非常可贵的。

有3个人去一家公司应聘主管，第一名是某知名重点大学管理学院毕业的，第二名是海归,而第三名则是一家民办高校的毕业生。

在很多人看来，这场应聘的结果是显而易见的，要么是第一名被录用，要么就是第二名被录用。然而事情却恰巧相反。应聘者经过一番测试后，留下的却是那个民办高校的毕业生。

在整个应聘过程中，这3位应聘者的专业与经验都各有千秋，难分伯仲。所以，为了选出最合适本公司的人，招聘公司总经理决定亲自面试。

他提出了这么一个问题，题目为：假设公司派你到某工厂采购4999个信封，你需要从公司带去多少钱？

几分钟后，应聘者都交了答卷。第一名应聘者的答案是450元。总经理问：“你是怎么计算的呢？”

“就当采购5000个信封计算，可能要400元，其他杂费就50元吧！”答者对应如流。但总经理却未置可否。第二名应聘者的答案是415元。

对此他解释道："假设5000个信封，大概需要400元左右，另外可能需用15元。"

总经理对此答案同样没表态。但当他拿第三个人的答卷，见上面写的答案是419.42元时，不觉有些惊异，立即问："你能解释一下你的答案吗？"

"当然可以，"该同学自信地回答道，"信封每个8分钱，4999个是399.92元。从公司到某工厂，乘汽车来回票价11元，午餐费5元。从工厂到汽车站有一里半路，请一辆三轮车搬信封，需用5.5元。因此，最后总费用为419.42元。"

总经理不觉露出了会心一笑，收起他们的试卷，说："好吧，今天到此为止，明天你们等通知。"很显然，如果总经理把这项任务交给三人，只有第三名才能执行到位。

做大事不拘小节，固然是一种处世态度，但不注重细节很容易会出现大问题的。无论是在工作还是生活中，我们都必须专注，这就需要我们做事认真仔细，这样才能把事做得尽善尽美。

所以，在工作中尤其要注重细节，从小事做起。只有当细节被我们注意起来的时候，我们才能够真正地执行到位。

海尔提出了著名的OEC模式，即Overall Every Control and Clear的英文缩写，其含义是全方位地对每人、每天所做的每一件事情进行控制和清理，做到"日事日毕，日清日高"。

OEC模式为海尔的管理风格奠定了基础，即严、细、实、恒。所谓的严，即严格要求，"日日清"工作法要求所有的体系、所有的员工必须严格按规定的内容、时间、标准，逐日进行清理，对工作中的成绩与缺陷严格奖惩。细和实，即分工细、责任实。“日日清工作法”在对所有的事物进行分解中，都强调3个“一”，即分解量化到每一个人、每一天、每一项工作。不管是大的机器设备，还是一小块玻璃，都要清楚地标明责任人与监督人，有详细的工作内容及考核标准，形成环环相扣的责任链，做到了奖有理、罚有据。恒，即持之以恒。海尔认为企业和每个员工可以做好一天的工作，而每天都做得好，就是一件难事。“日日清工作法”就是要通过每天的清理和总结，坚持把企业每天的各项工作做好，力求实现天天好的理想目标。

去过海尔生产车间的人不难发现，在车间入口处和作业区显眼的地方，总会有一块60厘米见方的特别图案，红框、白芯，白芯上印着一双绿色大脚印，人称“6S大脚印”。站在这个大脚印上往前看，正对着一块牌子，写着“整理、整顿、清扫、清洁、素养、安全”，这6个词的英文开头都是“S”，所以这个油漆方框叫作“6S自检站”。

每天班前会上，车间的班长都会站在这里总结当天的6S工作，较差的员工也要站在脚印上反省自己的工作。

由此带来的效果是，任何人参观海尔的生产厂房时，感受到的都是其“大事细做”的作风。生产现场的管理是最好的体现，海尔的现场管理水平之高令人叫绝。厂区内每一块玻璃都擦得一干二净，地板通透得像一面镜子，机器设备无一丝灰尘；人们身着清一色的淡蓝海尔工作服，在岗位上聚精会神；见面时会轻声示意，车间里只能够听到机器响动的声音，产品一台接一台上上下下，却没有任何的喧哗和躁动。

曾经，日本一家公司准备在大陆投资，考察了国内60多个工厂后，毅然决定与海尔合作。事后，日本这家公司的老板说了一个极简单的原因：他在参观海尔公司的生产线时，趁人不注意时捏了一下备用的模具，竟未见一丝灰尘。就凭这一点，日本老板用没沾灰尘的手与海尔签订了项目合同。

有句话说得好，细节创造优势，细节凝聚效率。一个企业要想做大做强，就必须从细节抓起，做好企业的每一个细微之处。员工想要升职加薪，就更要从细节做起，不要让你的经验挡住你的视线。你要做的就是保持清醒，注意好每一处的细节，细节是需要千锤百炼的。

世界著名建筑大师密斯·凡·德罗在设计大剧院的时候，精确地测算了每个座位与音响、舞台间的距离，以及因此导致的不同听觉和视觉的感受，并根据每个座位设计了最合适的摆放方向、大小、倾斜度、螺丝钉位置等。当他被要求用一句话描述其成功原因时，他回答说：“魔鬼在细节。”

魔鬼在于细节，职场在于细节，人生在于细节，当我们开始工作的时候，就要知道，细节是天使也是魔鬼，当我们重视细节的时候，它就是天使；当我们忽视细节的时候，它就是魔鬼。把握好细节，你的职场工作才能奔向天堂。

准备好细节准备好成功

人生需要激励，更需要细节做铺垫。

有些人总是在工作中求快，却不懂得求精求细，无法做到心无旁骛，正因为此，这些人才会走上别人的老路，才会成为别人的复制品，最后取得的成就也只能是乏善可陈了。越是如此，就越需要领导者及时发现员工的心态转变，帮他们及时调整起来。优秀员工的培养不单单是员工自己的事，更需要领导提起对员工的重视程度。

春秋战国不仅是战争频发的时期，更是商人暴富的最佳时候。在当时，范蠡、计然等都富了起来。越国有一个名叫虞孚的人也眼红了起来，梦想摆脱现状，一夜暴富。于是，虞孚就找到了计然，向他求教致富的方法。计然好心地告诉虞孚："现在种漆树非常赚钱。你可以先种一些漆树，等到漆树长成之后，就可以采漆卖钱。"之后，虞孚又向计然咨询了种植漆树和护理漆树的方法，计然有问必答，耐心指点。

虞孚回去之后，就开始筹钱种漆树。3年之后，漆树长大了，虞孚非常高兴，认为自己终于有了发家的资本，如果能砍下数百棵漆树运到吴国去卖，就能赚到很多钱。这时，他妻子的兄长来看他，看到这些漆树就说："我经常到吴国经商，知道在吴国怎么卖漆。如果方法得当，就能赚到更多的钱。"

虞孚听了怦然心动，赶忙请教。他妻子的兄长说：“在吴国，漆非常畅销，我看到很多卖漆的人为了获得暴利，都煮漆树叶。把煮出来的漆叶膏和漆混在一起按纯漆的价钱卖，吴国人很笨，绝对发现不了。”虞孚听了内心狂喜，就按兄长的方法做了，并且将漆运到了吴国。

当时，吴国和越国是敌国，相互之间不通商，因此，越国的漆在吴国非常畅销。吴国人听说虞孚来卖漆，都非常高兴，以宾客的礼节接待了他。对方验完货，吴国人看到他的漆都是上等货色，非常满意。双方谈好价钱，贴好封条，约定明天一手交钱，一手交货。

吴国人刚一离开，虞孚就打开封条，把漆叶膏倒了进去，由于做得匆忙，虞孚不小心在坛子口附近留下了一些痕迹。第二天，吴国人如约来取货，发现封条有动过的痕迹，就知道虞孚做了手脚。于是就找了个借口，说过几天再来交易。

虞孚在自己的住所等了半天，也不见吴国人过来交易。时间一久，漆都变质了。最后，虞孚的漆一点儿都没有卖出去，3年的努力付诸东流。他去吴国人那里讨说法，吴国人责备他说：“商人做生意最重要的就是讲诚信，而你却是明里一套，暗地一套，谁还会相信你？这都是你自作自受，没有人会可怜你。”

虞孚最后把自己身上带的钱都花光了，没有钱回到越国，只能在吴国乞讨为生。最后，虞孚因为穷困潦倒而客死异乡。

投机取巧是成功的大忌，对于优秀员工来说，这更是我们需要避免的。面对机会时，我们往往会因为一时的满足而失去对细节的追求。员工也许会被喜悦麻痹，在这时，领导就应该及时站出来，及时帮员工调整情绪、调整状态。

员工很容易被情绪左右，正因为这样，他们才更需要注重细节，因为重视细节才是成功的前奏。优秀员工需要在工作中不断锻炼自己，更需要领导在关键时刻及时鞭策他们，只有如此，他们才能做到不以物喜，不以己悲，才能对细节有足够的重视。

有一家工厂想要招聘质检员，谢东赶去面试，通过初试，3天之后，他又赶来复试。谢东发现，复试现场来了20多人，而公司只需要录用4个人。

这时，面试官拿出公司的一篇宣传文章，并且要求所有复试者在30分钟内看完，并且用最简单、最精练的话写一篇读后感。之后，面试官会和每个复试者进行面谈。

等到30分钟过去，大家起立，把试卷交了上去，这时，面试官说，不用了，其实，面试已经结束了，他已经有了确定的人选，他们分别是5号、10号、12号、20号。

这让所有复试者感到诧异，他们大吵大闹，想要听面试官的解释，他们认为这次面试其实就是一个幌子，4名录用员工全都是公司内定的。

面试官非常平静地看着众人："大家少安毋躁，其实，在这30分钟里，我们安排了一次干扰测试，我们的目的就是为了考察各位的抗干扰能力。其实，在这30分钟里，发生了很多事。在最开始的5分钟里，我们这些考官都在四处巡视，在此期间，我们发现有十几个人都曾不止一次抬头看过考官；接下来的10分钟里，考官故意和一名工作人员大声吵闹，这时，又有8个人抬头关注了不下7秒钟；紧接着，到第20分钟的时候，考官就开始假装和董事长打电话，接着，我们就发现有90%的面试者都开始转移了注意力。当然，我们最后的结论是从监控中得来的，只有我们选择的这4位才是抗干扰能力最强的，而其他一些面试者和我们的要求还有一定的差距，还没有使自己能够达到绝对‘绝缘’的状态。”

面试官继续说：“我们是全国知名食品企业，我们需要的是抗干扰能力非常强的人，要真正做到一心一意。我们不希望不合格的食品走下流水线，这对公司来说，简直是一件无法弥补的损失。如果你们连30分钟都无法安定下来，难道你们就能在枯燥的流水线上稳如泰山吗？”

就在这时，吵闹的人群安静了下来，一些人羞愧地低下了头。

公司企业中，任何一个细节都是我们不能忽视的，任何一个微小的细节都可能让我们与机会擦肩而过。任何一个细节都有可能会左右我们人生的发展，不要忽视细节，因为当我们对细节失去感觉的时候，等待我们的将会是失败给予的最有力的打击。

细节是一家企业赖以生存的根本，是一名员工不断成长的必要保证。人生需要激励，更需要细节做铺垫。我们自己要重视细节，领导们更应该重视细节，要保证员工在细节的督促下成长起来，只有如此，员工才会变得优秀，公司才会变得强大。

站在更高的位置对待细节

站得高一点，看得远一点，离成功更近一点。

“世有伯乐，然后有千里马。千里马常有，而伯乐不常有。”来到公司，那里就是你的家，我们要随时随地注意细节，不要因为自己一时的疏漏而损害了公司的形象。我们不要总认为自己的言行举止与别人无关，要知道，我们的言行举止，还代表了家庭、公司等。我们不是单一的个体，这就要求我们更加注重自己的言行举止。

在美国地产界，有这样一位人物可谓家喻户晓——特朗普。公众对他的评价可谓极度分化，但谁也不能否定他在业界中的“影响力”。

20世纪90年代初期，特朗普濒临破产，个人债务高达9亿美元。但即便如此，他依旧懂得为自己赢得关注度。

也正因为这份高调，依然有投资公司愿意在他的身上“押宝”。2004年，58岁的特朗普卷土重来，他依旧保持了“露风头”的习惯，做什么事都要求做到一流，就连在纽约第五大道公寓的门都非得镀上黄金，以显示他是多么与众不同。

为了更加彰显自己“王者归来”的气质，特朗普还在《纽约时报》、《华盛顿邮报》以及《华尔街日报》等美国主流媒体刊登了好几个整版广告，重点推介他个人、他的公司以及他的产品。东山再起的特朗普，凭借其精心打造的电视真人秀节目《学徒》，以全新的姿态重新走入公众视野。也正是因为他，电视真人秀节目风生水起，各个频道都拍摄了这种类型的节目。

特朗普之所以能够取得成功，就在于他知道，自己代表的是整个行业，他是这个行业的代表，一旦这个行业出现了问题，所有人肯定都会来找他。

特朗普找到了自己的位置，时刻不忘自己是为何而工作。而我们也应该如此，也要时时刻刻记得自己的位置，要知道自己为什么而工作、怎么样才能把工作做好，只有认清这些，我们才能发现自己的价值，才能相信自己，把工作做好。

当我们处在领导高位的时候，我们不应沾沾自喜，因为有很多人在关注着你，你要时刻保持清醒、注重细节，这样，你才能够高枕无忧；当我们处在员工的位置时，我们就更要保持清醒，因为我们一旦在工作上出现失误，就会被领导斥责、批评。只要我们在职场中，我们就要注重细节，因为一成一时的得失往往会左右大局。

赵刚是一家研究所的办公室主任。作为一个基层干部，赵刚的主要工作就是汇总办公室的日常工作，并且扮演在上级领导和普通研究员之间相互沟通的角色。而赵刚能够当上这个室主任，则完全是办公室里的同事们全力推荐的结果，因此，他和同事们之间的关系非常密切。

有一天，上级主管告诉赵刚，研究所将要执行一些更为严格的员工管理措施，这些措施在某些方面可能会触动他和他的同事们的某些切身利益。他硬着头皮把这个坏消息传达给了自己的下属们，但是谈话进行得很不顺利。“在公司推行新的员工管理措施的时候，我一直承受着这些同事的抱怨。他们都觉得公司的新规则太严格了，是在与员工做对，是不合理的。”赵刚抱怨道，“我知道他们把我当作是他们一边的人，认为我能够维护他们的利益。但是我又怎么能告诉他们（在不让他们觉得我是一个“坏人”的情况下）公司推出新的员工管理规则是有利于公司管理的呢？我觉得自己当时就像是在管理层和员工之间走钢丝。”

无奈之下的赵刚只得一方面顶住来自上级和下级的双重压力，另一方面更加积极地在上级领导和普通研究员之间进行斡旋，做好这个“传声筒”是赵刚唯一能做的事。好在经过赵刚的不懈努力，普通员工们最终接受了上级的最新措施，而上级也根据员工们的意见对这一新措施作出了一定程度的修改，使其更加人性化了。

在这一事件中，身为基层干部，身为办公室主任的赵刚处在了一个非常尴尬的位置上。一方面，普通研究员们把他看作是上级领导的代表，另一方面，上级领导又把他看作是普通研究员的代表，而这两方面却又是存在分歧的。被夹在了中间的赵刚实际很纠结。因为他必须要面对向这两方面同时传达坏消息的窘境。与此同时，赵刚在这件事上进行了相当恰当的处理。他紧紧地守住了自己中间人、“传声筒”的身份，同时为双方谋求利益，以此来争取让双方最终达成和解。

可见，做领导比做普通员工要难得多，因为你要同时面对来自上级与下级的压力，是上级和下级之间目光的交会点。而且，在与上下级沟通的过程中，你更要做到谨言慎行，因为上级会把你看作是基层员工的代表，而在基层员工眼中，你却是上级领导的代表。在这样的情形下，你的任何一点错误的言论和行为都将被无限地放大。你的一句出格的话、一个失态的举动，损毁的不仅仅是你作为一个基层领导的个人形象，更主要的是损毁了企业在基层员工心目中的形象。这样的责任，你是无论如何也承担不起的。

公司是每个人生存的堡垒，是每个人发展的平台，我们要时刻提醒自己，自己是公司的一员更是公司的一面旗帜，同时，我们代表的也是公司而不是自己。当我们选择了公司的时候，我们的内心深处就应形成一种信念：公司是我们的家，我们所做的一切都要为了公司。

第 10 堂课

好习惯
成就优秀的员工

好习惯成就好人生。一个有良好工作习惯的人，不仅可以把自己的工作处理得井井有条，还可以带动周围的人形成高效的工作氛围。

养成学会规划的习惯

职场规划，是对工作、对自己的一种负责。

认识自我是至关重要的，只有在“知己”的基础上，才能有选择性地“知彼”，进而规划未来的方向，明确具体的实施细节。

来到职场，我们首先要做的就是熟悉，其次就是要规划。如果我们的职场人生没有规划，我们就会像没头苍蝇一样，到处乱撞。职场规划，是对我们工作的一种负责，这样一来，有助于我们养成良好的习惯，让我们能够保持良好的工作习惯，进而取得更大的成功。

在我们选择工作的时候，要选对方向，选对方向之后，要学会释放自己的激情，让激情成为我们奋斗的动力。如果我们真的有能力，又能合理规划自己，我们就可以毫不夸张地说，酒香不怕巷子深，我们要做的就是学会统筹规划，不管是短期规划还是长期规划，我们都要做好，这样，我们才能取得大的成功。

人生的每一次尝试都是痛苦的，也许我们还没有做过规划，但是当我们选择了规划，就要按照规划要求的去履行，这样，我们才能取得别人难以企及的成功。有的人认为，未来很遥远，自己的计划永远难以变化，所以，他们选择了破罐子破摔，选择了放弃。而正因为此，他们才会在职场中漫无目的地行走，最终依然是最平庸的人，一无所成。

张亚东是某大学历史专业的一名学生，毕业之后的张亚东打算放弃本专业，另谋出路，为此，他看上了一家广告公司，于是，他就去查阅了和设计方面有关的资料。张亚东凭借着自己在中学时积累下来的美术基础，就自己手绘了几个简单图样，并且为这些图样准备了一些文案策划。等到张亚东把自己的文案背得滚瓜烂熟之后，他就去面试了。

面试官经过一番面试发现，虽然张亚东设计的作品一般，但是他却很有文化底蕴，而且设计理念独具匠心。面试官看到了张亚东的与众不同之处，于是当即录用了他。

大学毕业生可塑性是很强的，他们懂得变通，并且能够在新领域去认真学习。

无独有偶，法律专业毕业的李子雄，他的梦想是成为一名法官。大学期间，李子雄学习非常刻苦，他的专业成绩一直名列前茅。李子雄的文笔不错，于是，他又选修了第二专业——文秘。司法考试的时候，由于报考人数太多，最后，李子雄不幸没有考过。

李子雄本来想到公检法单位去面试，但是，没想到这个行业竞争太过激烈了，最后，他选择了放弃。经过仔细思考，李子雄觉得自己的文字和口才都还不错，就想要到一家杂志社担任采编工作。

经过一番面试，面试官发现李子雄的反应很快，而且文笔和口才都还不错，丝毫看不出他是法律专业科班毕业的，最后，李子雄被这家公司录用了。

人生每时每刻都要面临选择，既然要面临各种各样的选择，我们何不做一番准备呢？何不真正做到有备无患呢？人生需要抉择，更需要自我规划，如果我们认为工作已经足够安逸了，没有必要再做任何其他事情了，那就错了。其实，工作都是相通的，只要我们认真努力去做，把工作当成习惯，终有一天，我们就会取得一番成就。

如果把我们每个人的职业生涯比作一次旅行，那么在出发之前就要先设定好我们的行走线路。这样既不会错过梦想已久的地方，也不会经过千辛万苦的跋涉却到达了自己并不喜欢的景点。一个人如果没有个人职业生涯规划，也许最终也能找到满意的工作，但在时间、精力等方面的成本无疑是事倍功半的。如此说来，只有在充分认识自我的基础上了解职业现状，做到知己知彼，才能用最低的时间成本找到适合每一个人发展的职业之路。

职业生涯规划是以既有的成就为基础，确立人生方向，提供奋斗策略。一般来讲，职业规划是通过准确评价个人特点和强项，评估个人目标和现状的差距，进而确切地定位个人职业的方向、认识自身的价值并使其增值，增强自身的职业竞争力。

我们对自己有一个清醒的认识，才能对工作有一个清醒的认识，才有可能取得成功。我们要找到自己的优势和劣势，扬长避短，这样，我们才能对工作产生兴趣，而这种兴趣也终将成为一种习惯。

养成寻找榜样的习惯

和雄鹰生活在一起，你能学会飞翔。

工作中，找对同路人是非常重要的，试想一下，找到一个能在工作上对你有帮助的人，你在工作上一定会比没人帮助的时候，更得心应手。所以，当我们刚进入一家公司的时候，我们一定要寻找一些比自己优秀的人，不管这个人会不会帮助你，只要你找到了这样的人，并向他靠齐，我们才能在职场上少走一些弯路。

陆源和辛娜是一起来到一家公司做销售的，他们两个人的能力差不多，并且都是应届毕业生。

陆源每天都努力工作，就连坐公交车的时候也在翻看着产品的资料。只是尽管陆源非常努力，却并没有收到很好的效果。好几个月，他的销售额度连公司的最低标准都达不到，这就表示着他要么选择辞职，要么选择扣掉一半的底薪继续工作。

而辛娜则与陆源不同，她在上班第一天，就了解到，公司里面有一个销售业绩非常好的王宇，他一个月能够拿到奖金两万元的提成，这对于初涉职场的辛娜来说，简直就是一个天文数字。

一想到自己也可能会得到那么好的业绩，辛娜的工作激情瞬间被点燃了，但是有激情固然是好，她不知道如何做却是一个大问题。为了能够尽快掌握工作要领，辛娜就主动去找王宇请教。

虽然王宇和辛娜是同事，迫于竞争压力，王宇委婉地拒绝了辛娜。遭到王宇拒绝的辛娜并没有放弃，她开始注意王宇每天的工作程序。

经过一段时间的观察，辛娜终于在第二个月迎来了自己的第一笔订单，有了好的开头，辛娜感觉自己的工作动力越来越大。半年之后，辛娜就成了新一批员工中的佼佼者，她现在可以拿到六七千元的提成，而陆源仍然在工作岗位上步履维艰，他甚至已经开始萌生辞职的念头了。

陆源和辛娜的起步相同，但是半年之后，两个人的差距却相差巨大。这主要是因为辛娜找对了学习的对象。而陆源之所以职场失意，是因为他不懂得和别人交流，总是觉得靠自己就可以成功，但是事实却远不止如此。

犹太经典“和狼生活在一起，你只能学会嗥叫，和那些优秀的人接触，你就会受到良好的影响。”真正要成长，要迅速地成长，就要找到一个榜样，再找到一个适合自己成长的团队，只有这样，我们才能在职场中走得更远。

杰克·韦尔奇是通用电气总裁，被人称为“世界第一CEO”，他认为，他之所以取得辉煌的成就，很大一部分要归功于他在工作中所结交到的朋友。他在自己的人生传记中写道：“我身边的贵人总是会在我身边出现，帮助我、扶持我，陪我渡过一个又一个关卡。”

韦尔奇刚来到通用电气工作的时候，曾经因为公司吝啬而选择辞职。但是，当时他的上司鲁本·贾多福非常欣赏他。当他听说韦尔奇想要辞职的时候，就主动邀请他共进晚餐。席间，贾多福多次劝说韦尔奇留下来，并且答应了韦尔奇的加薪要求，并且，贾多福支持韦尔奇的做法，认为他是在为自己争取利益。

贾多福的一番话，深深触动了韦尔奇，韦尔奇决定继续为通用公司效力。

1963年，韦尔奇正在进行化学实验，没想到实验失败，差点炸毁整栋大楼。当时，他的产品事业部主管是查理·李德，当韦尔奇向李德报告时，身为化学家的李德只是微笑了一下，并没有责备韦尔奇，反而帮助他去分析问题、解决问题，继续鼓励他。李德的做法更坚定了韦尔奇奋斗的决心，这次经历，让韦尔奇体会到了领导者的力量。

和韦尔奇要好的朋友还有公司前任副董事长赫姆·魏斯，他也是韦尔奇生命中的贵人。身为领导的魏斯和韦尔奇关系非常好，可谓无话不谈，他一直帮助韦尔奇去和公司高层沟通，甚至在关键时候，魏斯还不断举荐韦尔奇，为他提供一个很好的发展空间。而正是因为有了魏斯的帮助，韦尔奇才得以成为通用电气公司的CEO。

回想起自己的经历，韦尔奇说："我的成功，全部来源于我身边的朋友，是他们的无私帮助，让我一步一步由稚嫩走向成熟，不然的话，我仍然是当初那个默默无闻的我。"

团队是一个集体，它不会因为我们的加入而改变，但是我们却有可能因为加入团队而改变自己。有些新员工初涉职场的时候，总是喜欢和自己的难兄难弟抱作一团，而对一些公司的元老则会产生一种排斥心理。

其实，这些元老才是我们最需要学习的对象，他们有经验、有资历，有着我们无法比拟的职场生存之道，多去与他们交流，才是我们在职场中取得成绩的必要条件。

人的一生就是一个不断选择的过程，你选择什么样的朋友、选择什么样的团队，你就会成为什么样的人。养成寻找伯乐、寻找优秀团队的习惯，我们才能在职场中更好地发挥余热，才能继续向着成功的方向迈进。

养成劳逸结合的工作习惯

身体是革命的本钱。

职场是我们每天要奋斗的场所，如果我们每天只有不计得失地拼命工作，这样只会拖垮我们的身体，谋杀我们的健康，长此以往，我们就算再想工作，也会变得有心无力了。

很多大企业的领导在他们年纪轻轻就因疾病去世，他们的财富是常人的千万倍，但一样无法挽留自己的生命，就是因为他们不懂得珍惜自己的身体。生命是脆弱的，健康是脆弱的。所以，从年轻开始，我们就要在关注工作的时候也要加倍地呵护自己的健康，这样才能让自己拥有一份事业的时候，也有享受它带给我们的益处。

冯磊在上高中的时候就对太极拳非常感兴趣，从那时，他就开始深入了解这项运动，通过了解，冯磊认为打太极拳不仅能体会到韵律之美、强健自己的体魄，更能修身养性。在外行人看起来非常简单的一个招式，却包含着人生的领悟。

自此之后，冯磊对太极拳的喜爱从来没有消退过。

大学毕业，投入工作之后，冯磊更是加强锻炼身体，因为单位离家比较近，他就步行上班，上班途中会路过文化公园，早上7点多，冯磊就会起床到文化公园去打太极拳，打半个小时之后，再到公司去上班。

这样一来，不仅保持了身体的健康，而且冯磊的工作状态也非常好。别人经常犯的颈椎病、腰椎病，在他身上根本就找不到。冯磊说，他这一生都离不开太极拳了，这样，他的身体不仅有了保障，就连工作也变成一件非常快乐的事了。

强健的体魄不仅是我们生存的需要，更是我们打拼事业的基础。如果我们没有好身体，就谈不上什么爱情、事业双丰收了。

然而，很多人每天不惜体力、不吝精力、不惧压力地去努力工作。到最后，他们的身体就会像一台机器一样，终究会有生锈垮掉的一天。要明白，我们需要努力地工作，需要赚很多很多钱，但成为优秀员工之前，我们必须要有一个健康的身体，只有让健康成为我们工作的坚强后盾，我们才有可能让自己变得越来越优秀。

杨峰是一家外企公司的主管，他对待人生的态度，就是不断地工作。如果有一天，他没有把事情做完，他会觉得怠惰、沮丧、有罪恶感。

可是无论他做了多少，总是觉得自己做得还不够。一旦闲下来，他就会觉得无限空虚。只有让自己忙碌起来，他才能感觉到踏实。

长久以来，杨峰一心都扑在工作上，从来没有停下来过。他住的地方附近就有一个美丽的公园，但是他从来没有悠闲地坐在公园里体验这一切，看看绮丽的海景、嗅嗅清凉的海风、听听动人的海涛。

他一直害怕如果自己不能加快脚步，就会变得懒惰，而且无法做好任何一件事。这种想法让杨峰沮丧透了，所以杨峰总是让自己像一个机器一样，忙得团团转。

有一次，杨峰在公司的安排下到外地实习，参加为期一个月的心理学新发展课程。

起初的两个星期，杨峰觉得参加这个心理培训完全就是浪费他的时间，课程指导老师知道他可能太在乎工作上的事情了，所以，他就一直告诉杨峰，要放松心情，这样才能专注倾听。

“下午放你一个假，去海边走走吧!”课程指导员说。

杨峰对这课程没有好感，但要他整个下午都待在海边，那种不做事的感觉简直会让他疯掉。

于是杨峰和他据理力争，因为他觉得自己已经在这里浪费了半个月的时间了，但在课程指导员的坚持下，他决定去试试看。

下午的时候，杨峰独自漫步在海边，刚开始他觉得心情好了许多，只是当他一想到工作的时候，马上又陷入了焦虑之中。于是，他根据课堂上学到的技巧放松自己。

当晚，他睡得很沉。半夜两点，杨峰如梦初醒，顿时恍然大悟，原来这是放松的感觉，这一切感觉太美妙了。

回到公司后，他好像变了一个人似的。每当他觉得自己工作紧张的时候，就会独自向窗外眺望，休息几分钟。一天结束后，他发现工作比预期进行的速度快了许多，而且没有了以前的疲惫感觉。更让人吃惊的是：这一整天杨峰都很快乐，无论是工作还是休息，一点也不觉得累。

健康是一笔财富，我们很难想象一个疾病缠身的人还有充沛的精力去工作，所以，在我们为工作付出的同时，千万不要忽视了我们身体的健康。我们要清楚地认识到，工作的前提是要拥有健康，只有在这样的前提下，我们的工作才是有效的。

我们的身体需要保养，更需要调理，不能总是让身体去工作，更应该让身体放松，让心灵变得愉悦，这样，工作才不会成为一种负担，我们对待工作才会充满激情。

养成随时随地帮助他人的习惯

得道者多助，失道者寡助。

牛顿第三定律中说，当我们给物体一个作用力的时候，物体就会自然而然产生一个反作用力。你给的力越大，它返给你的力也会越大；相对地，你给的力越小，它返给你的力也会越小。

牛顿第三定律如此，职场中又何尝不是如此呢？当我们帮助别人的时候，别人就会自然记得我们的好；当我们伤害别人的时候，别人也自然会深深记得我们。

西汉景帝时期，在吴国做官的袁盎发现他的一个婢女和自己的一个下属有了恋爱关系。在当时的封建社会里，这种事是很忌讳的。

作为一家之长的袁盎本想下令严惩他们，但是袁盎转念一想，窈窕淑女，君子好逑，这本是人之常情。如果因为这件事而惩罚他们，那就无异于亲手毁了这两个人。袁盎实在下不去手，于是就想把这件事压下去，让大事化小、小事化了。

没想到，袁盎的那名下属在得知事情败露之后却跑了。袁盎马上骑着马去追赶他，对他说："你虽然有过错，但如果我想惩罚你的话，你早就被赶出家门了，何必等到现在呢？你跟我回去吧！"

回去之后，袁盎亲自做媒，把那名婢女嫁给了这名下属，并且送给了他们众多彩礼。

很多人为了这件事嘲笑袁盎：“你能原谅你的下属和婢女，已经算是仁至义尽了。但是你还促成他们成亲，这不是鼓励下属们都这么做吗？这样下去，你家里可就要乱套喽。”

袁盎解释说：“这名下属跟随我多年，他喜欢那名婢女，那是他的自由，并不是不可饶恕的罪过。现在，我促成他们的好事，等到以后我出现危险，他就自然会帮助我了。”

后来，袁盎升职，做了朝廷命官。正赶上七国之乱，吴王派兵围住了袁盎的住地，想要杀死他。就在千钧一发的时刻，当年他成全过的那名下属突然出现，拼死救他脱离了险地。

帮助别人就是在帮助自己，宽容别人也是在宽容自己。不仅袁盎明白，身处职场中的优秀员工也明白。真心去付出，用自己的付出去感染别人，等到你需要帮助的时候，同事也就自然会来帮助你了。

也许这些帮助在你眼中是举手之劳，在别人眼中就是雪中送炭。初入职场，我们遇到的每一个人都是新鲜面孔，虽然陌生，但是我们要尽快让陌生变得熟悉，这样，我们的职场道路才会因此变得坦荡。

职场中的同事和大学中的同学差不了多少，他们都是尊重感情的，只要我们懂得付出，就会为自己不断积累人脉。人不要总是期待奇迹，更应该学会去创造奇迹。潜移默化地去影响别人、努力去帮助别人，也许在我们看来，这样的帮助微不足道，但是当我们需要的时候，一切就会凸显出来了。

李筱头一天睡得很晚，因此早上起床看到时间已经到了9点半了，心里不免着急起来。因为，今天是个非同寻常的日子，他要去一家大公司面试，这是他很早以前就期待的一个机会。

飞快地洗漱完毕后，李筱跑到马路边准备打车，这时，过来一个中年男子向他寻求帮助——请他帮忙打一个报修电话，眼看就要迟到的李筱自然没有心思再去管他人的闲事，拦住一辆出租车就跑了。当李筱准时到达面试地点的时候，他整理了一下心情，带着自信的笑容并大步走向办公大楼，可是，前台小姐告诉他，刚刚接到通知，因为老板路上出了点儿意外，面试者需要再稍等片刻。

当老板终于出现在面前时，李筱顿时愣住了。因为，老板不是别人，正是那个在路上向他求救的中年男子。老板没有和李筱多说话，而是指着站在自己身边的一个年轻人说道："就是这个年轻人帮助了我，其实这并没有浪费他多长时间，他只是帮我打了个电话给维修部，使车得到了及时的修理。"修车的过程中，老板得知这个小伙子大学刚毕业，正准备找工作，老板说他的公司正要招聘，问他愿不愿意来试试，小伙子欣然答应，于是老板就把他带来了。

李筱这才意识到，原来这个和自己年龄相仿的年轻人，正是自己这次求职的竞争对手。李筱有些紧张，因为，对方显然比自己有优势。毕竟，对方在老板的心里留下了一个好印象。此时，纵使李筱心里有一万个后悔，可是他又能怎么办呢?

果然，最后公司录取了那个年轻人。

有了这次教训，李筱决定改变自己的习惯，不管做什么事情，都要提醒自己提前半个小时出发。即使提前到了，也不必着急，在附近转转即可。而对于路上遇到的那些需要帮助的人，只要他有足够的时间和能力，他一定会尽力帮助他们。

渐渐地，李筱将这个习惯当作了生活的一部分，更成就了他的幸运。不过，那是一段比求职更加美妙的爱情和婚姻。

人与人交往要建立在平等互惠的基础上，同事之间更是如此，关键在于我们应该怎样去处理。如果我们不去帮助别人，总是希冀别人在关键时刻伸手帮我们一把，那是不可能的。

刘备在《诫子书》中曾言道：“勿以恶小而为之，勿以善小而不为，惟贤惟德，能服于人。”小的善事积累多了，就是大的善事，而小的恶事积累多了，就是大的恶事。和同事交往就更应该注意这一点，应该真诚待人，把同事当成朋友，我们才会愿意去帮忙。投之以木瓜，别人就自然会报之以琼琚。

得道者多助，失道者寡助。不要吝啬帮助，时间沉淀之后，量变就会引发质变，我们才会结交到越来越多的朋友。

养成勇于承担责任的习惯

敢于正视自己、正视世界，我们就是真正的勇者。

著名文学家鲁迅在《记念刘和珍君》一文中曾写道：“真的猛士，敢于直面惨淡的人生，敢于正视淋漓的鲜血。”如果我们总是选择逃避，等待我们的将会是现实给予的最无情的打击；如果我们主动积极地面对问题，敢于正视自己、敢于正视世界，我们就是真正的勇者。

职场中的我们更应该如此，没有人是完美的人，没有人一生都不犯错误，但是犯了错误就要勇敢站出来。金无足赤，人无完人。我们不可能每做一件事都能保证它是完美的，优秀员工也会或大或小地犯一定的错误，让工作出现一定的瑕疵。但是越是如此，我们就越应该勇敢站出来，直视错误，尽全力去改正。

人活于世，最重要的就是遇事敢于担当，既然做了，即使做错了，也应该勇敢站出来，承担责任。我们常说，国家兴亡，匹夫有责。职场中，如果工作出现疏漏了，我们首先要做的就是先做自我批评，再者就是要努力承担错误，并且及时改正。

我们在工作中，总是说，责任重于泰山，但是往往是说得多，做得少。工作中，不管我们出现了什么过错，都不应该去搪塞、去掩饰。如果只是一味地搪塞、掩饰的话，只会让小错变成大错。在错误发生的萌芽阶段，我们就应该及时有效地把它扼杀掉。犯错并不可怕，可怕的就在于犯错之后不承认，更不知悔改。想要在职场中获得更多的工作经验，就应该不怕犯错，错误出现之后就会加深印象，有了错误的时时鞭策，就会让我们不再重蹈覆辙。

有些人在困难面前表现出怯懦与畏难的心理恐惧，选择回避与后退。在困难面前缺乏勇气和信心，回避困难、逃避责任。这样的人常常抱怨自己的不幸，却宁愿忍受痛苦而不主动追求。逃避不是解决问题的方法，你不去面对它，你就永远无法解决它。

我们要有这样一个信念，事不避难、勇于担当。遇到困难不畏缩，为自己的行为负责。一个成功的人是不会去逃避他自己的任何责任的。

1920年，一个11岁的美国男孩在他家门前的空地上踢足球，由于玩得太开心，一下没有注意，就把足球踢向了邻居家新安装的玻璃窗，之后玻璃碎的声音响起。

男孩知道自己闯祸了，呆呆地站在原地不知怎么办。愤怒的邻居跑了出来向惊慌失措的男孩索赔12.5美元，在当时，12.5美元是一笔不小的数目，这是一个每天只有几美分零花钱的小男孩想都不敢想的天文数字。

闯了大祸的男孩最后只能硬着头皮，向父亲讲了这件事，希望父亲会替他担起这份他无论如何也负担不了的责任。没想到，一直宠爱他的父亲却说："孩子，这是你的过失，你得为你的过失负责任。"

男孩为难地说："我哪有那么多钱赔人家?"

父亲拿出了12.5美元，严肃地对儿子说："我把这笔钱借给你，但是一年后你必须还给我。因为，犯了错误，就得承担责任，责任是你不能逃避的。"

男孩把钱付给邻居后，开始了艰苦的打工生活，他把所有的课余时间都用来做自己力所能及的工作，经过半年的不懈努力，男孩终于挣够了12.5美元，并把它还给了父亲。平生第一次，他通过自己的顽强努力承担起了自己的责任。

经济大萧条时期，他的父亲破产了。刚刚大学毕业的他，主动地承担起整个家庭的生活，并资助哥哥重回学校学习。在他的努力下，他成为一名优秀的电视节目主持人，由于出于强烈的责任感，他公开批评了自己所在电视公司的最大的赞助商——通用电气公司，因此不得不离开电视界，从此投身政界。

他很快就获得了自己想要的职位。后来，又一场经济危机席卷了美国，这次他担负起了引领当时世界上第一强国走出困境的责任。他成功了，8年后，他成为了美国的总统，他就是罗纳德·里根。

人们往往会对承认错误和担负责任怀有恐惧，因为一旦承认或者担负责任，他们就觉得自己会被别人瞧不起，于是，他们选择了逃避。然而，正是这种逃避的行为，使得他们的心理变得软弱无力，形象被降低，人格的健全被破坏，这种员工是很难在工作上取得成就的。

对自己的错误，要勇于承担责任，而且还要把这种行为养成一种习惯，这才是成熟的表现。事实上，承担责任的回报，将是长期的自信、被尊重和有力量的感觉。有责任心是每个人都必备的基本品质，勇于承担责任是任何人从平凡走向优秀的第一步。

勇于担当，不要去找借口，我们的人生才会变得精彩。我们常常会问，未来有多遥远？其实，这个问题根本不值得我们去讨论，我们最应该做的就是握紧现在。工作经验是需要我们不断积累的，而工作中所犯的错误只是我们人生中的点缀。想要成功，就应该担当起自己的责任，继续鼓起勇气，在职场的路上奋勇前进。

养成能坚持有毅力的习惯

有钻石的隐忍和坚持，等到机会来临，你才会留下遍地黄金。

职场中，我们是选择坚持，还是选择跳槽，这是一个亟待解决的问题。就算我们选择跳槽，也不要让跳槽成为习惯。人如果经常跳槽的话，就算你再有能力，你的价值也永远不能体现出来。人生需要积淀，当我们面临选择、面对机会的时候，我们可以选择离开。我们之所以能够成功，不是在于我们的能力，而是在于我们每一次的选择。优秀员工必要时的选择是非常重要的，只有把握住每一次选择，我们才能修炼成为优秀员工。

在一个富翁的桌上摆着一块光彩夺目的钻石，墙角的火炉边放着一些煤炭。

煤炭们唉声叹气：“唉！为什么我们天生身体黑？天生没价值？天生这副德性？”

钻石听了很不忍，便开口安慰道：“同胞们，别难过了嘛！”

煤炭们一听，七嘴八舌地说：“同胞？不会吧！我们是同胞？”

“我们可不像你天生好命，材质非凡呢！别挖苦我们了！”

“就是说啊，我们怎么可能是同胞！”

钻石回答：“真的，我没骗你们，我们可是远房亲戚呢！咱们的成分都是‘碳’，难道不是同胞吗？”

煤炭们叹惋道：“天啊！老天真是不公平！为什么我们的命运差那么多？”

钻石慢慢地说：“这是因为我们在地底时承受了很大的压力，再者，我们没有像各位那么早出土，我们选择在地下多待了好几千年，所以我们后来的样子会不同。”同样都是碳构成的，差异却如此之大！

如果你是煤炭，你是否会像它一样，选择背离自己的轨道，继续蛰伏，等到数千年之后再破土而出，成为真正的钻石呢，还是想直接破土而出，做一块普通的煤炭呢？职场中的我们往往会面对这样的选择，是选择继续在岗位上留守，还是选择离开，开启一段新的工作旅程呢？

当然，这需要我们根据自身情况进行分析，如果我们已经在现今的这家公司学到了足够多的东西，并且在这里已经没有适合我们的提升空间了，这时，我们可以再三考虑，确定自己是否需要离开。当然，你想要跳槽，就需要事先为自己找好方向，例如自己下一步的归宿、下一步的计划等，只有思虑再三，思虑周全之后，我们才能把跳槽的思想付诸实践。

在一家公司，我们还没有学到全部东西，如果我们这时就想要跳槽，就会像煤炭一样，就会和坚持下来忍受几千年磨难的钻石的价值相去甚远。想要在一个行业取得成功就要善于分析，善于自作主张，爱强出头是非常不可取的，为你的人生下一步积蓄力量，努力奋斗，我们将看到人生的美好。

有很多毕业生，每当他们感叹工作难找的同时，依然在上演着频繁跳槽的好戏。我们不否认，跳槽是一个人对自己人生的一种新的选择，跳槽就是要选择最适合自己的。人们常说，旧的不去，新的不来，人生的每一步只有通过选择才能找到真正适合自己的职场定位。当然，盲目选择是职场工作中的大忌，想要成为钻石，就要有钻石的隐忍和坚持，等到机会来临，你在职场才会留下遍地黄金。

张玉荣是中文系的一名大学生，大学毕业后，他进了一家大型国企，负责企业内刊的编辑工作。张玉荣的工作压力不是很大，而且很稳定。因此，很多人都羡慕张玉荣，说他端上了铁饭碗，从此可以衣食无忧了。

但每当听到别人说他找到了一份好工作，张玉荣就会不自觉地苦笑。显然，他对这份工作并不满意。张玉荣觉得这个单位就是一个围城，把自己牢牢地关在了里面，自己目前的工作实在是太没有挑战性了，再这样浑浑噩噩下去，自己恐怕就要未老先衰了。他的主要工作就是每个月“采访”企业的一两个优秀员工，把他们的经历、经验、想法写出来；整理公司高层管理人员在会议上的讲话；从网上摘抄一些与公司所在行业相关的新闻与研究报告等，把稿件交给主编。这些事情根本就是他在大学时编辑社团小报的时候就已经做熟了的。

恰在此时，企业受宏观调控的影响，业绩开始下滑，放出风声要大幅度裁员。企业要裁员了，张玉荣反而不想辞职了。为什么呢？原来，裁员的阴影让公司人心惶惶，张玉荣认识到自己工作的“含金量”，开始努力做好自己的工作。谁知，认真工作之后，张玉荣发现自己的工作在简单重复中，也有很多“门道”，只是自己以前心态不对，没有注意到罢了。

比如，以前采访优秀员工，张玉荣只是提几个例行的问题、做做记录，再加一些八股文式的套话就写成一篇采访稿。而现在，张玉荣开始真正关心他们的想法，并且开始探究他们为什么会被企业认可、评为优秀，他们在追求什么之类更加深层，也更加现实的问题了。

以前在网上摘抄时，张玉荣只关注关键词，并不特别在意内容。而现在，对于大部分的新闻与研究报告，他都会仔细看，了解行业动态。他发现关注得越多，对公司及行业的了解和感情也越深。

当企业的工作不那么忙的时候，张玉荣还可以节约出时间为其他的媒体写一些稿件，心态变化了，同样的事情做起来也就变得不同凡响了。跳槽？张玉荣早把这件事抛到九霄云外去了。

跳槽不跳槽，是我们在职场生涯要面临的选择，有的人喜欢偏安一隅，为的就是工作安稳，但是有的人则喜欢挑战，认为所有的事情只有不断尝试，才能找到适合自己的，才能找到最好的，进而，他们不断选择跳槽。跳槽没有对错之分，适合自己的才是最好的，我们每个人都有自己的活法，我们无法把别人强拉到我们的轨道上，所以，只有最适合的工作，没有最好的工作。

选择是否跳槽，是一个态度问题，如果你对手上的工作尽心尽力去做了，那么，就算你跳槽了，你也能胜任新的工作；如果你对手上的工作摆出一副漫不经心的态度，那么，就算你选择了离开，等待你的将会是职场中遭遇失败的更大打击。对于职场新人来讲，摆正心态是最重要的。

我们要明确一个现实，公司的老员工不仅有资历，而且有实力，也许我们的学历要比他们高，但是他们的经验要比我们多很多。所以，不要过多苛求，认真做好自己，就算是在强压下生活，也要学会去分析，自己是否可以隐忍，等到我们的能力稳步提升之后，等到我们积蓄的力量足够强大之后，我们的跳槽才有可能取得成功。

养成有节制的习惯

想要摆脱“月光”，见到阳光，就应学会节制，学会用长远的眼光看待现实问题。

职场中的人，常常会拿“会花钱，才会赚钱”这句话标榜自己，但是花钱要适度，“月光”是非常不可取的，我们要养成良好的理财习惯，这样，我们才能知道我们的钱花在哪里了。我们要把钱花在“刀刃上”，不要等到我们真正缺钱了才去思考钱哪去了。优秀员工是不会打无准备之仗的，他们绝不会养成“月光”的习惯的。

平时不烧香，临时抱佛脚。这是非常不可取的，越是年轻，就越需要我们养成良好的理财习惯，这样我们才能知得失，才能让钱在关键时刻发挥出它本应有的作用。

“月光族”一词，最开始是从网络上流传开来的，月光族就是指每个月赚多少钱，一分不留，全部花光的人，一般指的就是当下的年轻人。这些年轻人和父辈的观念不同，他们不喜欢借鉴他人的理财经验，他们要的就是随心所欲地花钱，自己想买什么就去买什么，根本不会去考虑钱的多少。

老一辈人信奉赚钱不如省钱的道理；而这些年轻人则认为，会花钱才会赚钱。花钱可以激发他们赚钱的动力。他们每个月的收入只够满足他们每个月的花销，他们认为这样就已经足够好了。

月光族分为几种，有的人每个月薪酬刚好够花，不多不少，这就使得他们不得不加入到月光族的行列；另外一种月光族则是因为他们家境殷实，根本不需要为自己的将来考虑，他们要做的，就是最大限度地满足自己。

不管是哪类人，成为月光族都是不对的，因为他们无法让自己的金钱见到下个月的阳光，这样的人是可悲的，因为太过随性，没有原则，总是希望能够当一天和尚撞一天钟，这样的做法是非常不可取的。

我们眼中的月光族有的是被迫的，有的则是主动的。对于被迫的，我们可以理解，但是理解并不表示认同，他们可以通过理财让自己尽快从月光族的行列中摆脱出来。对于主动的月光族，我们从他们身上看到的更多的是没有节制。

这些月光族，他们只顾自己享乐，却不为自己的长远打算，最后，得到的结果肯定就是使自己入不敷出，和懂得理财的人相比，差距会越来越大。

月光族总是信奉这样一句话，一人吃饱，全家不饿，但是事实真是如此吗？他们只顾自己一个人提高生活质量，却没有顾及身边的人。等到他们责任在肩的时候，就会发现，当初自己的决定是多么单纯，仅仅是考虑到了自己快乐，并没有考虑身边的人。我们无法预知明天会发生情况，是否会用到钱，但是，当要用钱的那一天真的出现的时候，月光族就会感到束手无策。

我们现在已经是成年人，应该为自己的将来去思考一些，不要过多地去买一些可有可无的商品，尽量把钱花到“刀刃”上，这样，我们就能逐渐摆脱月光族的头衔了。如果我们少壮不理财，老大也一样是要徒伤悲的。

回想你的学生时代，不知这样的情况是否曾经发生在你的身上：

开学之初，用好几千元压岁钱买了那款在大街小巷广告招贴中随处可见的最新潮的手机，理由是，我是“潮人”我做主；

和朋友约好去书店买书，结果看到附近有很多漂亮的衣服，立刻扑过去买了再说；

一个月里，今天买袋零食，明天买个手机挂件，东家请吃饭，西家请去唱卡拉OK……

然后，未到月底便惊呼：这么多钱，都到哪儿去了?!

思想的转变是建立在客观现实的基础上的，月光族也是如此，比如：

上班刚一年的李嵩，某天下班后主动把工资卡交到老妈手里：“妈，还是您帮我管钱吧。”他的这个决定，源于一个网友的提问：“工作一年后，大家都存了多少钱?”

在某广告公司做创意总监助理、月薪5000余元的李嵩惊讶地发现，自己工作一年来，竟连几千块钱都没攒下，买房买车更是遥远的梦想。

“笔记本电脑每月分期付款720元、两张信用卡合计还款1200元（主要用于和朋友聚餐、唱卡拉OK以及买衣服等消费）、房租1200元、交通费400元……”随便统计一番后，李嵩发现，自己每个月不知不觉就花掉了3500元，这还不包括平时的工作餐、手机费和烟酒等消费。“除了刚发工资的那几天，银行卡里一般不会超过1000元钱。每次到了交房租的时候，就要向朋友和同事四处借债。”他郁闷地说。

一年下来，看到自己手头没有一点积蓄，李嵩终于决定让妈妈来帮自己存钱，控制消费。

钱容易花，但是却不容易赚。如果我们总是习惯大手大脚地花钱，没有节制，只会让自己生活的道路越走越狭窄。当月光族回首往事的时候，就会发现，自己赚的钱全都被一些无用的东西侵吞光了，等到自己再去懊悔的时候，才会发现为时已晚，难以回头了。

俗话说：“赚钱犹如针挑土，用钱犹如水推沙。”我们习惯大手大脚地用钱，一两百元根本不放在眼里，结果成了彻彻底底的“月光族”。带着这样的习惯走入工作职场，即使今后的薪酬高得足以让你摘掉“月光族”的帽子，你也很难在立业阶段积累到财富。如果说在校期间的财商培养只是日常训练和比赛前的演练，并不看重输赢结果的话，那么，走入社会后，树立一定的理财意识、掌握一定的理财知识、经历一定的理财实践，便是决定你今后长久生活品质的重要因素。

古语有云：“一粥一饭，当思来之不易；半丝半缕，恒念物力维艰。”因为劳动果实来之不易，所以不该挥霍浪费，需要珍惜、节俭。从持家的角度来说，要想生活富裕、兴旺，也须节俭，细水长流，平时要有所储备，才可从容应对各种意外。其实，这就是要学会如何投资理财，这是优秀员工必备的品质。在物质丰富的今天，投资理财的能力将会对我们的生活产生深远的影响，所以我们更加有必要学会如何投资理财。

月光族总是期待能够停留在皎洁的月光之下，无节制地去做自己想做之事，但是结果却会让他们走上一条不归之路。想要摆脱“月光”，见到阳光，就应该学会节制，学会用长远的眼光来看待现实问题，只有如此，我们才能保持奋斗的热情，才能修炼成为优秀员工。